W0094361

ECON Ratgeber

Zum Buch:

»Bewegung« ist heute in endlos vielen Formen, Arten und auch »Ausartungen« sehr aktuell. Die Sportbekleidungsbranche, die Krankenkassen und immer neue Fitneßcenter bieten einzigartige Methoden zur optimalen »Körpergestaltung«. Der Körper wird dabei mehr als Maschine betrachtet, die beim richtigen »Input« den gewünschten »Output« liefert. Das Wesen des Menschen, seine Persönlichkeit hat mit all dem nichts zu tun.

Bauchtanz bietet hier einen ganz anderen Ansatz. Im Tanz läßt sich die Persönlichkeit und die momentane Befindlichkeit nie verstecken. Im Bauchtanz wird vor allem die Frau und ihre Einstellung zu sich selbst, ihrer Weiblichkeit und ihrem Körper sichtbar. Hierin liegt eine ganz besondere Herausforderung, vor die sich jede Tänzerin gestellt sieht, die sich mit ihrem Tanz bewußt auseinandersetzt.

Bauchtänzerinnen heute stehen in ständigem Spagat zwischen dem, was Bauchtanz ursprünglich war, was er heute im Orient ist und was er uns »westlichen« Frauen bedeutet, was er uns an verschütteten Werten und Freuden geben kann.

Bauchtanz ist nicht automatisch ›Heilmittel‹ und keine einzig ›richtige‹ Antwort auf die Probleme, die für uns gerade akut sind. Bauchtanz kann helfen, unterstützen, kann Mut und Trost geben, kann für körperliche und seelische ›Geistesblitze‹ sorgen, – aber immer ohne Gewähr. Es kommt darauf an, wie offen jede Frau dafür ist, in ihrem Tanz etwas von sich selbst wahrzunehmen«.

Ulrike Hegers

Die Autorin:

Ulrike Hegers tanzt seit ihrem 6. Lebensjahr. Den ersten Kontakt zum Bauchtanz bekam sie über die Begegnung mit türkischen Frauen in Deutschland, seit 1980 beschäftigt sie sich mit diesem Tanz. Sie hat langjährige Erfahrung als Dozentin von Kursen und Workshops zu ethnischen Tanzformen.

Ulrike Hegers

Bauch-
tanz

**Frauen finden
ihren Rhythmus**

ECON Taschenbuch Verlag

© 1986 by ECON Taschenbuch Verlag GmbH, Düsseldorf
Umschlaggestaltung: Molesch/Niedertubbesing, Bielefeld
Titelabbildung und Fotos im Innenteil: Larbi Hafid
Die Ratschläge in diesem Buch sind von Autor und Verlag
sorgfältig erwogen und geprüft; dennoch kann eine Garantie
nicht übernommen werden. Eine Haftung des Autors bzw. des
Verlags und seiner Beauftragten für Personen-, Sach- und Ver-
mögensschäden ist ausgeschlossen.
Gesetzt aus der Stone Serif und Syntax
Satz: HEVO GmbH, Dortmund
Druck und Bindearbeiten: Ebner Ulm
Printed in Germany
ISBN 3–612–20159-X

Inhaltsverzeichnis

Vorwort

Vor acht Jahren erschien die erste Ausgabe dieses Buches. Schon damals hatten viele Frauen den Bauchtanz als »*ihren Tanz*« entdeckt. Heute kann man die damalige Zeit noch als die »Pionierzeit« des Bauchtanzes in der westlichen Welt bezeichnen. Wir waren auf der ständigen Suche nach Material, Lehrerinnen, Musik und allem, was wir über »*unseren Tanz*«, den Tanz der Frauen, in Erfahrung bringen konnten.

Obschon die Begeisterung und das Interesse groß war, hat sich wohl niemand die rasante Entwicklung vorstellen können, die die »Bauchtanz-Welt« inzwischen genommen hat. Fast in jeder Stadt im gesamten Bundesgebiet gibt es Bauchtanzkurse in Volkshochschulen, Studios, Bildungshäusern oder sogar in Fitneßstudios und Pfarrgemeinden. Hinzu kommt eine starke Kommerzialisierung; Bauchtanzkleidung, Musik, Zubehör, Zeitschriften, Videos, Bauchtanzreisen, Bücher und »Diplome« haben einen Markt geschaffen, der immer weiter wächst und kaum noch zu überblicken ist. Hinzu kommt das große Angebot an mehr oder weniger professionellen Tänzerinnen, die auf privaten und öffentlichen Veranstaltungen, in Restaurants und auch auf großen Bühnen den Bauchtanz in sehr vielfältigen Formen und in sehr unterschiedlicher Qualität der Öffentlichkeit präsentieren. Es gibt kaum noch jemanden, dem der Bauchtanz nicht bereits auf irgendeiner Geburtstags- oder Betriebsfeier, auf einem Straßenfest oder vor dem Fernseher – sei es in einer Talkshow oder einem Gesundheitsratgeber – begegnet ist. So ist es heute auf der einen Seite wesentlich leichter, Bauchtanz zu begegnen und ihn kennenzulernen, auf der anderen Seite ist es entschieden schwerer, eigene Vorstellungen, Maßstäbe und Sichtweisen zu entwickeln und sie im eigenen Tanz lebendig werden zu lassen. Ich möchte auch heute noch mit meinem Buch keiner Frau zur Karriere als Berufstänzerin verhelfen. Ich richte mich an jede Frau, die neugierig ist, den Bauchtanz als den Tanz ihres Körpers und als den Ausdruck ihres Lebens zu entdecken. Wenn ich gefragt werde, warum ich tanze oder wie ich zum Tanzen gekommen bin, so habe ich immer nur die eine Antwort: »Soweit ich zurückdenken kann, habe ich schon immer getanzt«. Für mich ist Tanzen gleichbedeutend mit Lebendigsein. Als ich zum Bauchtanz kam, fühlte ich wie viele Frauen, daß diese Bewegungen mir entsprechen, daß ich in ihnen »zu Hause« bin, daß sie nicht aufgesetzt, sondern in mir begründet sind. Der Tanz fordert eine positive Einstellung zu mir selbst und zum Leben überhaupt, und ich versuche, dies in meinen Kursen lebendig werden zu lassen.

An der Entstehung dieses Buches waren viele Frauen über viele Jahre hinweg durch ständige Gespräche beteiligt. Ganz besonders möchte ich Heidi Honerlage und Ingrid Krimenfort danken, die noch zur »ersten Generation« meiner Schülerinnen zählen, seit vielen Jahren selbst unterrichten und sich kontinuierlich der Gratwanderung zwischen dem »Tanz der Frauen« und der zunehmenden Kommerzialisierung stellen. Für den kulturgeschichtlichen Teil meines Buches konnte ich Birgit

Schnettler gewinnen, die bei Heidi Honerlage den Bauchtanz kennengelernt hat und damit bereits zur nächsten »Generation« gehört. Birgit verfügt über all das Wissen, das uns heute durch das vielfältige Medienmaterial zur Verfügung steht, und hat wichtige Aspekte so zusammengefaßt, daß auch Interessierte ohne Vorkenntnisse einen Einblick in die zahlreichen komplexen Zusammenhänge des Bauchtanzes in der orientalischen und westlichen Welt bekommen. Ein großes Danke schließlich an alle Frauen unserer Kurse, die bereit waren, ihren Kursus und ihr Fest unserem Fotografen zu öffnen. Larbi Hafid stammt aus Marokko (Fes) und lebt seit 1972 in Deutschland. Seit 1969 beschäftigt er sich intensiv mit Fotografie. Von ihm stammen auch die wunderschönen Aufnahmen von Zahra, der ich an dieser Stelle für ihr Einverständnis zur Veröffentlichung der Bilder danke.

Allen Leserinnen wünsche ich viel Geduld und Freude beim Erproben der Bewegungen und dann natürlich auch beim Tanzen. Wer den Bauchtanz entdecken will, muß ihn tanzen. Die Erfahrungen, die man nur im Tanzen machen kann, lassen sich nicht in Worte fassen. Worte tanzen nicht; tanzen müssen Sie selbst.

Ulrike Hegers

Birgit Schnettler:
Kultur und Geschichte

Ursprung und Geschichte

Bauchtanz wird in seiner ägyptischen Heimat »Raks Sharki« (orientalischer Tanz) genannt. Die Bezeichnung »Bauchtanz« hingegen beruht ursprünglich auf einem Mißverständnis und Übersetzungsfehler westlicher Reisender.

Im 19. Jahrhundert bereisten Europäer, viele von ihnen Künstler und Schriftsteller, den Orient. Sie prägten den bis heute in Europa und Amerika verwendeten Begriff »Bauchtanz« als geringschätzige Beschreibung der Bewegungen von Hüfte und Becken. Obgleich fasziniert von den Bewegungen, sind frühen Schilderungen des Tanzes geprägt von Bestürzung und moralischer Entrüstung, da der exotische Tanz als erotisch, sinnlich und unzivilisiert empfunden wurde und ganz und gar nicht in den prüden und sittenstrengen Kanon der damaligen Zeit paßte.

Der Begriff »Bauchtanz« beruht auf einem Übersetzungsfehler westlicher Reisender im 19. Jhdt. Orient-Motive inspirierten die Künstler dieser Zeit.

Gerade wegen ihrer Gegensätzlichkeit zur bürgerlichen europäischen Welt wurden orientalische Motive für die Künstler des Fin de siècle und Tanzmotive für die Expressionisten zu elementaren Ausdrucksmitteln, die die Sehnsucht nach einer besseren Welt verkörpern konnten.

Dieser Tendenz der bildenden Kunst und Literatur entsprach auf der Bühne der Ausdruckstanz in Europa. Sogenannte »orientalische Tänzerinnen« (Isadora Duncan, Anita Berber, Mata Hari u. a.) integrierten orientalische Phantasieelemente in ihre Vorführungen. Sie verwendeten das exotische Sujet und viele andere innovative Ausdrucksmittel, um mit den strengen Traditionen der Tanzbühne zu brechen. Ihr Tanz war kein Bauchtanz, sondern eine westliche orientalische Phantasie.

Was faszinierte und fasziniert die westlichen Menschen so stark am orientalischen Tanz?

Die rhythmischen Beckenbewegungen und weichen, schlängelnden Wirbelsäulenbewegungen sind Elemente eines der ältesten Tänze der Menschheit: Sie imitieren Sexualität und Geburt. Ganz auf den weiblichen Körper zugeschnitten, beinhalten sie eine uralte Körpersprache der orientalischen Frauen. Die Engländerin Wendy Buonaventura beschreibt in ihren Büchern eindrucksvoll die Geschichte des Bauchtanzes. Sie zeigt Verbindungen auf zu den frühesten Naturreligionen, in denen die Frau als Gebärerin neuen Lebens in direkter Verbindung zum göttlichen Schöpfungsakt stand. Daß der sakrale erotische Tanz der Frau nicht auf den arabischen Raum beschränkt war, beweisen Statuenfunde im Mittelmeerraum oder Vergleiche mit Tänzen anderer Völker, die auch heute noch uralte Gebräuche pflegen. Der rituelle Fruchtbarkeitstanz und starke Beckenbewegungen gehören noch heute zum Basisrepertoire afrikanischer Tänze.

Als eine der frühesten literarischen Schilderungen des orientalischen Tanzes führt Wendy Buonaventura das Hohelied Salomos im Alten Testament an, eine Bibel-

> **Die rhythmischen Beckenbewegungen und weichen Wirbelsäulenbewegungen sind Elemente eines der ältesten Tänze der Menschheit: Sie imitieren Sexualität und Geburt.**

stelle, die wegen ihrer sinnlichen Metaphorik und eroti-
schen Anspielungen schon manch sittenstrengem Leser
Kopfzerbrechen bereitet hat.
Körper und Geist, Natur und Kunst und Religion und
Erotik waren für den Tanz der vorislamischen und vor-
christlichen Zeit untrennbar miteinander verbunden.
Das Hohelied der Bibel gibt Zeugnis davon.

Bauchtanz in Ägypten und der arabischen Welt

Zwei Jahrtausende sind seitdem vergangen. Orientalische Frauen aus verschiedensten Ländern tanzen den orientalischen Tanz ihrer Heimat bei Familienfeiern oder Festen. Von Land zu Land variieren Musik, Rhythmik und die spezifischen Tanzbewegungen. Immer aber drückt der orientalische Tanz Temperament und Lebensfreude, Sinnlichkeit und Körpergefühl der Frauen aus. Er gibt ihnen die Möglichkeit, Individualität und Freiheit tänzerisch auszuleben, auch wenn gesellschaftlich kein Raum dafür ist.

Orientalische Frauen aus allen Ländern tanzen den Tanz ihrer Heimat bei Festen. Der Tanz drückt Temperament und Lebensfreude, Sinnlichkeit und Körpergefühl der Frauen aus.

Traditionelle Familien feiern auch heute noch unter strenger Geschlechtertrennung ihre Feierlichkeiten, etwa in Saudi-Arabien. Unter Frauen oder im engen Familienkreis darf dort der Schleier abgelegt werden, und es wird getanzt: von Frauen für Frauen.

Dies variiert freilich je nach politischer Situation im Land: In Saudi-Arabien oder im Iran sind öffentliche Tanzveranstaltungen verboten, da sie als lasterhaft angesehen werden. Auch große Hochzeiten werden unter strenger Geschlechtertrennung abgehalten. In einer Beiruter Disco oder bei einem öffentlichen Tanztee in Damaskus sieht man dagegen ganz selbstverständlich gemischte Gesellschaften, auch wenn bei zweiterem die Brüder ein Auge auf die Aktivitäten ihrer Schwester werfen.

Bauchtanz als Bühnen-Showtanz kam in Ägypten Anfang dieses Jahrhunderts auf, als die Künstlerin Badia Masabne in Kairo ein Casino etablierte, das nach dem Vorbild der Musik- und Tanztheater in Beirut und Damaskus ein gemischtes Showprogramm aus Tanz, Gesang, Theater, Kabarett, Kleinkunst und Musik darbot. Badia mischte in ihre Kairoer Programme auch europäische, türkische, libanesische oder andalusische Nummern.

Ab ca. 1920 kam in Kairo der Bauchtanz als Bühnentanz auf. Der improvisierte Tanz des Alltagslebens und der Folkloretanz veränderten ihr Gesicht.

Der berühmte Sänger und Oud-Spieler (Oud = arabische Laute) Mohammad Abdel Wahab und die legendären Tänzerinnen Tahia Carioca und Samia Gamal begannen ihre Karrieren in Badia Masabnes Casino.

Während in der breiten Bevölkerung Ägyptens die volkstümliche Art zu tanzen, genannt BALADI, sich im privaten Rahmen und bei Folkloredarbietungen professioneller Zigeuner- oder Volkstänzerinnen weiterhin großer Beliebtheit erfreute, entstand eine neue Form des Bühnen- und Showtanzes, die ihr Bewegungsbild veränderte und verfeinerte. Im RAKS SHARKI verschmolzen Folklore, Elemente des eleganten Tanzes der Damen der Oberschicht, die klassische Musik der Heimat und Anforderungen an die Ausnutzung einer Bühne zu einer neuen Form des orientalischen Tanzes, die sich im Laufe der Zeit beständig dem Zeitgeist anpaßte. Der Begriff BALADI wird im Gegensatz dazu heute als Synonym für ägyptische Folklore verwendet. Auch der BALADI als Bühnentanz veränderte sein Gesicht und öffnete sich den Einflüssen des Balletts und der Choreographie. Die neue Form des Tanzes war wie ihre Heimatstadt und andere Metropolen der arabischen Welt in der ersten Hälfte des Jahrhunderts für Einflüsse anderer Kulturen offen. So scheint sich zum Beispiel als Folge der Kostümkreationen aus Hollywood-Orient-Filmen in Ägypten das zweigeteilte Bauchtanzkostüm in Ergänzung zum traditionellen körperbedeckenden Kleid etabliert zu haben.

Zentrum dieser Entwicklungen war Kairo. In den fünfziger und sechziger Jahren waren die Tänzerinnen Tahia Carioca, Samia Gamal und der Sänger Farid El Atrache die Stars der Tanzfilme, die sich seit der Entstehung der arabischen Filmindustrie großer Beliebtheit erfreuten. Die Tanzfilme sollten den Raks Sharki in der ganzen arabischen Welt berühmt machen, ähnlich wie dies der Hollywood-Film mit Ginger Rogers und Fred Astaire für den Steptanz tat. Der Tanz dieser Zeit war charmant und kokett und deutlich vom Ballett beeinflußt.

In der Ära der großen Tanzfilme (ca. 1950/60) wurden die Tänzerinnen des Raks Sharki in der ganzen arabischen Welt berühmt.

In »Afritah Hanim«, einem Film mit der Tänzerin Samia Gamal und dem Sänger Farid El Atrache, wird die Geschichte eines Mannes erzählt, der sich kurz vor seiner Hochzeit in eine AFRITAH, eine Art weiblichen Flaschengeist, verliebt und in den Zwiespalt zwischen der Liebe zu seiner Verlobten und der verführerischen Teuflin gerät. Er erkennt am Ende des Films, daß die beiden Figuren zwei Seiten der Persönlichkeit seiner Geliebten verkörpern und er mit der Entscheidung für seine Verlobte beides, Liebe und Leidenschaft, gewinnt. »Afritah Hanim« harmonisiert das Bild von der berückenden Tänzerin, die die Phantasien der Männer anregt, auf charmante Weise mit dem Ideal von Ehe und Familie: Die Tänzerin verkörpert die erotische, lebensfrohe Seite der Frau, die unter den Tugenden der Verlobten verborgen liegt.

Eine solch positive Antwort auf die Frage nach der gesellschaftlichen Funktion des Bauchtanzes ist nicht selbstverständlich.

Ein anderer arabischer Spielfilm führt anhand der Lebenstragödie einer gefeierten Casino-Tänzerin eine andere Sichtweise vor: Die Tänzerin wird drogenabhängig, prostituiert sich bei reichen Männern und stürzt ihre Familie ins Unglück, bis sie schließlich an den Folgen des Drogenkonsums stirbt.

Wo bei »Afritah Hanim« die Integration der tänzerischen Persönlichkeit in das Gesellschaftsgefüge geglückt ist, wird in dem anderen Film die Tänzerin zur scheiternden Außenseiterin.

Die professionelle Tänzerin verläßt den Schutz der Privatsphäre und wird als islamische Frau angreifbar. Als Künstlerin hingegen wird sie verehrt und gefeiert.

Beide Filme geben gegensätzliche Bewertungen des Bauchtanzes, aber beide thematisieren interessanterweise zentral die Frage der gesellschaftlichen Anerkennung der tanzenden Frau.

Im öffentlichen Raum vor einem gemischten Publikum auftretend, verläßt die professionelle Tänzerin den Schutz der Privatsphäre, in dem jede orientalische Frau nach Herzenslust tanzt.

In der Ära der ägyptischen Stars (ca. 1965–1990) erreichte der Tanz eine Blütezeit.

Sie setzt sich in ihrer Weiblichkeit den Blicken der Öffentlichkeit aus, und dies ist in der traditionellen islamischen Wertevorstellung undenkbar. Auch heute noch würde keine bürgerliche Familie ihrer Tochter erlauben, Bauchtänzerin zu werden. Als Frau ist die Tänzerin daher unmoralisch, auch wenn sie als Künstlerin geliebt, gefeiert und gerühmt wird.

Die beiden größten Tänzerinnen der siebziger und achtziger Jahre, Suher Saki und Nagwa Fouad, verkörpern zwei sehr unterschiedlich bewertete Frauentypen: Suher Saki ist verheiratet, hat ein Kind, es gibt keine gesellschaftlichen Skandale, und ihr Tanzstil ist eher streng an die klassische Musik angelehnt und traditionell und voller Ausdruckskraft: »Tanz pur«. Suher ist es gelungen, auch als islamische Frau eine gewisse Achtung in der ägyptischen Gesellschaft zu erwerben. Nagwa Fouad hingegen, die mehrfach geschiedene, selbstbewußte Dame von Welt, kokettiert auf der Bühne bewußt mit ambivalenten Rollen. Sie erreicht die Herzen mit Darbietungen der Folklore Ägyptens, schlüpft auf der Bühne in die Rolle der vulgär-vitalen Caféhaustänzerin oder rührt das Publikum zu Tränen mit einer Interpretation der Lieder der legendärsten und bis heute unvergessenen ägyptischen Sängerin, Oum Kalthoum (Lieder, deren Texte die Menschen auswendig können). Suher Saki und Nagwa Fouad stehen (wie auch einige andere) für eine Ära der großen Tänzerinnen Ägyptens,

Der Tanz verändert in der Gegenwart sein Gesicht. Unterhaltung tritt an die Stelle der Tanzkunst. die mit dem Bühnenabschied der beiden »ihr Ende findet«. Auch in den neunziger Jahren gibt es in Kairo gute Tänzerinnen, aber ihre Shows verändern wieder ihr Gesicht. Angesichts eines erstarkenden Fundamentalismus stellen die internationalen Luxushotels Kairos, in denen die gehobenen Bauchtanzvorführungen stattfinden, geschätzte Freiräume für die zahlungsfähige Oberschicht und die arabischen Touristen dar. Die Tänzerinnen reagieren auf den gewandelten Publikumsgeschmack, indem sie in ihren Shows verstärkt Unterhaltung statt Kunst präsentieren.

Ausnahmen, wie die nach längerer Pause wieder ins Showgeschäft zurückgekehrte Mona Said oder die in

Deutschland und Kairo tätige Algerierin Zahra, gibt es glücklicherweise.

Man darf sehr gespannt sein, welche Entwicklung der Bauchtanz in seiner Heimat Ägypten in den nächsten Jahren und Jahrzehnten nehmen wird.

Jede Ägypterin, Türkin, Marokkanerin, Algerierin, Libanesin, Palästinenserin oder Perserin (und so weiter) hat ihre ganz persönliche Art, zu orientalischer Musik zu tanzen. Je nach Herkunftsland variieren die spezifischen Körperbewegungen.

»*Weißt Du*«, sagte meine marokkanische Freundin auf die Frage, welche Bedeutung der Bauchtanz für ihr persönliches Leben hat, »*wenn eine Musik meinen Rhythmus hat, habe ich Lust, darauf zu tanzen. Diese Musik paßt dann zu mir. Jede Frau hat ihren eigenen Rhythmus.*« In den Städten der orientalischen Welt ist die Musik ein allgegenwärtiger Bestandteil des täglichen Lebens: In Geschäften, Taxis, Gaststätten, Autos, Wohnungen und in den Straßen tönt es um die Wette.

Musik und Rhythmus spielen im Alltag eine große Rolle. »Jede Frau hat ihren eigenen Rhythmus«, sagt eine Marokkanerin.

Ich habe in in Deutschland lebenden Familien immer wieder beobachtet, wie schon kleine Kinder angeleitet werden, Rhythmen zu klatschen, bevor sie sprechen können, oder bei Feiern oder bei einer der zahlreichen Musiksendungen im Fernsehen immer wieder aufgefordert werden zu tanzen. Häufig hatte ich den Eindruck, daß die Erziehung der Sinne der Kinder viel stärker berücksichtigt wird, als dies bei uns der Regelfall ist. Ein natürliches Selbstbewußtsein ist die Folge, und da hiermit aber auch eine starke soziale Normierung und Rollenzuweisung einhergeht, hat dies trotzdem nichts mit den westlichen Vorstellungen von antiautoritärer Erzie-

21

hung zu tun. Die Grenzen, die den Kindern gesteckt werden, sind vielmehr äußerliche.

Vergleicht man die lustbejahende Haltung des Islam zur Sexualität in der Ehe mit der christlich-katholischen Moral, stellt man fest, daß im Koran Sexualität als so grundlegend angenommen wird, daß es starker gesellschaftlicher äußerer Normierungen, wie z. B. der Verschleierung der Frau bedarf, um die Triebe zu »zivilisieren«. Die Bibel hingegen postuliert Enthaltsamkeit in der Ehe, es sei denn zu dem Zweck, ein Kind zu zeugen. Daß beide Haltungen in der heutigen Zeit problematisch sind, ist unbestritten. Offensichtlich deckt sich die Beobachtung, daß im orientalischen Tanz freier mit dem Körper umgegangen wird, als die eigene Erziehung dies vermitteln konnte, jedoch mit den Erfahrungen vieler bauchtanzbegeisterter europäischer Frauen. Insbesondere die Betonung der Beckenregion und die lustvolle Beschäftigung mit dem eigenen Körper beim Tanzen vermitteln die Erfahrung eines natürlichen Selbstbewußtseins, das nicht auf der Unterdrückung von Emotionen basiert, sondern auf deren Ausdruck.

> Die Betonung der Beckenregion und die lustvolle Beschäftigung mit dem eigenen Körper vermitteln die Erfahrung eines natürlichen Selbstbewußtseins, das auf dem Ausdruck von Emotionen basiert.

Kunst, Kultur oder Klischee? Szene-Tendenzen in Deutschland

Von den Amerikanerinnen lernten die ersten deutschen Bauchtanzbegeisterten Anfang der siebziger Jahre das Einmaleins des Hüftschwungs. »Belly Dancing« war in Amerika bereits zu einem Bestandteil des alternativen Kulturlebens und nicht zuletzt durch das veränderte gesellschaftliche Bewußtsein im Zuge der Frauenbewegung populär geworden.

> Von den Amerikanerinnen lernten die ersten deutschen Bauchtanzfans Anfang der siebziger Jahre das Einmaleins des Hüftschwungs.

Auch in Deutschland hatte es türkische oder arabische Frauen gegeben, die gelegentlich professionell auftraten. Der Bauchtanz-Boom setzte jedoch über Kurse in Bildungswerken oder Frauenzentren der Metropolen ein. In den letzten zwanzig Jahren hat sich das Kursangebot von den Großstädten in die Volkshochschulen und Bildungswerke fast jeder Kleinstadt ausgeweitet. Private Bauchtanzschulen und gemischte Tanzstudios haben den orientalischen Tanz in ihrem Programm.

Während in der Frühzeit der deutschen Bauchtanzbewegung der Aspekt der Körpererfahrung und -selbsterfahrung überwog, haben Fernsehdokumentationen, Bücher und Fachzeitschriften zum Thema heute viele Informationen über die kulturelle Verwurzelung des Bauchtanzes zugänglich gemacht. Insbesondere Videos aus Ägypten (aber auch aus der Türkei und anderen arabischen Ländern), Reisen und die verstärkte Tätigkeit ägyptischer Choreographen in Deutschland haben das Bewußtsein dafür, was *orientalischer* Bauchtanz ist, gewandelt. Verschiedene Stilrichtungen kristallisieren sich in der Gegenwart heraus. Sie entspringen jeweils einem unterschiedlichen Interesse, sich mit dem Bauchtanz zu beschäftigen.

In der Frühzeit der deutschen Bauchtanzbewegung überwog der Aspekt der Körpererfahrung. Heute wird der Tanz stärker als Ausdruck einer Kulturform verstanden.

Wenn beispielsweise Bauchtanz als reines Selbsterfahrungsprogramm verstanden wird, ohne daß die Ausdrucksmöglichkeiten der tänzerischen Form an ihren Ursprung in der orientalischen Kultur und Musik rückgekoppelt werden, stellt sich die Frage, welche Qualität die erlebte tänzerische Haltung schließlich hat.

Wenn in Kursen die Erfahrung des Tanzes und der Kultur fundiert vermittelt wird, stellt sich die Selbsterfahrung von selbst ein.

Meditation, autogenes Training, Partnermassage und viele andere Aspekte der Körperarbeit sind europäischen oder asiatischen Ursprungs und erweitern den Erfahrungshorizont. Sie vermitteln jedoch kein spezifisch orientalisches Körpergefühl. Als Hilfsmittel eingesetzt, dürfen sie nicht die Beschäftigung mit dem Bauchtanz selbst ersetzen.

Wenn in Kursen die Erfahrung des Tanzes und der Kultur fundiert vermittelt wird, stellt sich die Selbsterfahrung von selbst ein.

Orientalische Phantasietänze, in denen diverse Gestalten aus dem Fundus der abend- und morgenländischen Tradition belebt werden, gibt es in der Form, in der sie auf Deutschlands Bühnen in Erscheinung treten, nicht in der arabischen Welt. Hexensabbate inklusive Besen, Schlangentänze, die Erweckung der Prinzessin oder der

Tanz des Urmenschen mögen manch orientalischen Zuschauer verwundert fragen lassen, was in den Köpfen westlicher Tänzerinnen vorgeht. Die Grenze zwischen legitimer tänzerischer Innovation und lächerlicher Kulturverbrämung bedarf gründlicher Reflexion.

Den orientalischen Tanz auf der Bühne einer breiten Öffentlichkeit zugänglich und den Tanz damit im deutschen Kulturbetrieb gesellschaftsfähig zu machen, ist ein förderungswürdiges Ziel. Noch immer tun sich viele Zeitungen schwer damit, abseits der Klischees über den Bauchtanz die breitgefächerten Aktivitäten der Bauchtanz-Szene zu berücksichtigen, obwohl dies für andere »exotische« Tanzformen längst selbstverständlich geworden ist. Auch das beliebte Erscheinen einer Bauchtänzerin in Unterhaltungsshows reproduziert noch viel zu häufig billige Klischees, wodurch der Tanz selbst in den Hintergrund rückt.

Orientalische Phantasietänze, die auf Deutschlands Bühnen zu sehen sind, gibt es in der arabischen Welt nicht in dieser Form.

Auch orientalische Phantasiedarbietungen, die nicht bewußt als solche deklariert werden, produzieren Klischees. Es sind typisch westliche Ansichten über den Orient, die sich über das Mittel der Ästhetik in das Gedächtnis und Empfinden des Betrachters prägen. Eine tatsächliche Konfrontation mit der ästhetischen Qualität und der Persönlichkeit einer Tänzerin, die ein kunstvoll und ausdrucksstark vorgeführter Bauchtanz vermitteln sollte, bleibt aus. Der Betrachter wird nicht mit orientalischem Tanz, sondern mit einem westlichen Bild vom orientalischen Tanz konfrontiert. Kann das alles gewesen sein?

Der Bauchtanz ist Kunst und Kulturgut zu gleichen Teilen. Aspekte von Land und Leuten, Musik und Sprache sind genauso wichtig wie die orientalische Tanz- und Ausdruckstechnik.

Die Frage, warum getanzt wird und wie weit man bereit

ist, sich mit Aspekten von Land und Leuten, Musik, Sprache, tänzerischer Tradition und dem gründlichen Studium der orientalischen Tanz- und Ausdruckstechnik zu beschäftigen, wird bei zunehmender Beschäftigung mit dem Tanz wichtiger.

Dies bedeutet nicht, daß eine unkritische Werteübernahme aus der islamischen Welt erfolgen muß. Die Beschäftigung mit einer Kultur beinhaltet positive wie negative Erfahrungen und Einschätzungen. Urteile bedürfen aber einer gründlichen Beschäftigung mit den Ursachen und kulturellen Zusammenhängen eines Sachverhaltes.

Begriffe wie »Orient« und »Islam« lösen beim westlichen Publikum die unterschiedlichsten Assoziationen aus.

Begriffe wie »Orient«, »arabische Welt« oder »Islam« lösen beim westlichen Publikum die unterschiedlichsten Assoziationen aus.

In jüngerer Zeit haben der Roman und die Verfilmung von Betty Mahmoodys »Nicht ohne meine Tochter« ein Feindbild von der islamischen Welt verfestigt, das ohnehin durch Khomeini, den Nahost-Konflikt und viele andere politische Faktoren existierte. Das Brisante an diesem Buch ist die Tatsache, daß es nicht um politische, religiöse, soziologische und wirtschaftliche Erklärungen für eine Kulturdifferenz bemüht ist und die »Andersartigkeit« einer Kultur von der westlichen schon mit Minderwertigkeit gleichsetzt.

Das Buch »Nicht ohne meine Tochter« hat ein bestehendes Feindbild über den Islam bestärkt. Eine wirkliche Annäherung an den Kulturraum des Islam wird verbaut.

»Nicht ohne meine Tochter« ist eine Geschichte, in der eine mit einem iranischen Mann glücklich verheiratete Amerikanerin beim Urlaub im Iran einen Kulturschock erleidet. Ohne ihr Einverständnis wird aus dem Urlaub ein Daueraufenthalt, da der Mann beschlossen hat, im Iran zu bleiben. Es gelingt ihr unter großen Entbehrungen, gemeinsam mit ihrer Tochter nach Amerika zu flie-

KUNST, KULTUR ODER KLISCHEE?

gen, wo sie fortan in ständiger Angst vor Verfolgung lebt.

Da es sich um einen Erlebnisbericht handelt, identifiziert sich die Leserschaft sehr schnell. Und mehr: Die Menschenrechtsverletzungen in einem totalitären Regime und in einer einzelnen iranischen Familie werden verallgemeinert auf die gesamte islamische Welt. Kaum ein Buch hat in den letzten Jahren so nachhaltig die Einstellung gegenüber einer Kultur beeinflußt, wie »Nicht ohne meine Tochter« dies getan hat. Daß die totalitäre Ausprägung des schiitischen Islams im Iran nicht typisch für die ganze arabische Welt ist, realisieren wohl die wenigsten.

Die kritische Diskussion der Rolle der Frau im Islam bedarf eines fundierten Ansatzes. Die arabischen Autorinnen Fatima Mernissi und Nalia Minai seien zur Weiterlektüre empfohlen.

Bücher wie dieses schaffen eine fiktive kulturelle Einheit aus einem vielfältigen Spektrum von Nationen, Weltanschauungen und Sprachen. Eine wirkliche Annäherung an die Individualität einer Kultur und der Menschen ist verbaut.

Ein zentrales Thema ist trotz alledem die kritische Diskussion der Rolle der Frau im Islam, nur bedarf es einer kenntnisreichen Herangehensweise. Die marokkanische Soziologin Fatima Mernissi und die ägyptische Ärztin Nalia Minai problematisieren in ihren lesenswerten Büchern die gesellschaftliche Rolle der arabischen Frauen sehr kritisch, und sie wissen genau, wovon sie sprechen. Ihre Werke seien zur Weiterlektüre empfohlen, da sie fundierte Fakten vermitteln.

»Der Islam« erscheint in der Auffassung von Betty Mahmoodys Buch als bedrohlich, barbarisch, unzivilisiert und archaisch. Nun wird mit dem Wilden, Unberechenbaren und Archaischen im westlichen Gedankengut seit jeher die Sexualität assoziiert. Und deshalb ist es kein

Widerspruch, wenn dem Bild der Bedrohung der Zivilisation die Vorstellung von ungezügelter Sinnlichkeit einhergeht. Sexualität und ihre Faszination spiegeln sich in verschiedenen Vorstellungen vom orientalischen Tanz wider.

Sexualität und ihre Faszination spiegeln sich in verschiedenen Vorstellungen vom Bauchtanz wieder

Das Bild von der lasziven halbnackten Tänzerin, die ihre Brüste dem Betrachter wollüstig darbietet und sich auf der Erde in aufreizenden Positionen windet, stellt diese rein sexualisierte Auffassung vom orientalischen Tanz dar. Freilich wird der erotisch-ästhetische Sinnentaumel, den man im Urlaub gesehen haben will, häufig erst im Nachhinein zu dem verklärt, was man gern erlebt hätte, war es doch zu offensichtlich, daß die Tänzerin nichts anderes im Sinn hatte, als Trinkgelder bei nicht mehr ganz nüchternen Herren zu provozieren und die tänzerische Ekstase mehr als gequält gewirkt hatte.

Spätestens seit den Hollywood-Filmen der fünfziger und sechziger Jahre hat sich das Klischee von Tausendundeiner Nacht fest in den Köpfen der westlichen Menschen verankert, entspricht es doch den geheimen, im Alltag oft nicht aufgehobenen Sehnsüchten nach Liebe, Schönheit, Reichtum und Sinnlichkeit.

Das Klischee von 1001 Nacht ist fest in den Köpfen der westlichen Menschen verankert.

Wenn der reiche, starke und glutäugige Prinz seine verführerische Prinzessin nach bestandenen Abenteuern und Prüfungen der Liebe in den Hafen der Ehe führt, vermischt sich der bürgerliche Traum von Lebensglück mit exotischen und erotischen Ausbruchsphantasien. Diese Version des erotischen Traumes ist »gesellschaftsfähiger«, da sie ihre Auflösung im Rahmen der moralischen Normen findet. Das Märchen gaukelt eine andere Welt vor, als diejenige Wirklichkeit, die allzuoft als normativ beengend, langweilig, lebensfeindlich und leistungsorientiert erlebt wird. Das Resümee freilich ist fatal: Die orientalische Welt wird zu einem kitschigen Aufguß von Paradiesvorstellungen verbraten, die genauso realitätsfern wie lebensfeindlich sind. Der Kitsch liefert Träume, die unerfüllbar bleiben und einen reinen Ablenkungsmechanismus darstellen, während sich in der Realität nichts ändert.

Der Orient-Kitsch verweist jedoch auf eine defizitäre Erfahrung des Menschen und auf ein Bedürfnis nach Bereicherung der Wirklichkeit. Der Tanz bietet jeder Frau die Möglichkeit, Erlebnisse am eigenen Leibe zu machen, die qualitativ anders sind als orientalische Träume, eben weil sie Wirklichkeit sind.

Der Tanz bietet jeder Frau die Möglichkeit, Erfahrungen am eigenen Leibe zu machen, die qualitativ besser sind als orientalische Träume, da sie Wirklichkeit sind.

Ziel ist es nicht, einmal die Woche in die Rolle der Märchenprinzessin zu schlüpfen, sondern sinnliche Erfahrungen in die individuelle Lebenswirklichkeit zu integrieren.

Dem Tanz als individueller Erfahrung steht die Tanzvorführung als Möglichkeit des Publikums gegenüber, mit dem orientalischen Tanz konfrontiert zu werden. Durch die stark wachsende Zahl der unterrichteten Frauen ist die Zahl derjenigen gestiegen, die ihre Künste in der Öffentlichkeit präsentieren. Dies gelingt mit unterschiedlichem Erfolg. Auch im

Wie jede Tanzform wird auch die Körpersprache des orientalischen Tanzes erst dann zur Kunstform, wenn sie mit Inhalt gefüllt ist.

Bauchtanzbereich tummeln sich (wie überall anders, oder vielleicht noch mehr?) Dilettantinnen, Anfängerinnen oder billig aufgemachte Vamps in der Öffentlichkeit. Man kann hoffen, daß das Publikum von ihnen nicht auf den Tanz als ganzen rückschließt.

29

Wie jede Tanzform wird auch die Körpersprache des orientalischen Tanzes erst dann zur Kunstform, wenn sie mit Inhalt gefüllt ist.

Der Bauchtanz steht nicht in der Tradition der westlichen Tänze, die im wesentlichen mit dem ästhetischen Mittel der Distanz zum Zuschauer arbeiten, um die tänzerische Wirkung aus dem kreierten Gesamtbild zu erzielen. Auch gute Ballettleute strahlen eine starke tänzerische Persönlichkeit aus. Dies ist im Bauchtanz jedoch die Basis der tänzerischen Ästhetik, und dies liegt im wesentlichen daran, daß der Bauchtanz trotz seiner Bühnenkarriere im zwanzigsten Jahrhundert immer Ausdrucksform der Persönlichkeit der Tänzerin in Kommunikation mit Musik und Publikum geblieben ist. Die künstliche, aufgesetzte oder antrainierte Ausstrahlung und Körperbeherrschung einer technischen Tänzerin kann das Erlebnis, das bei einem guten orientalischen Tanz die Herzen der Menschen ergreift, nicht vermitteln. Das Argument, daß Bauchtanz eben ursprünglich kein Bühnentanz sei, rührt unter anderem daher, daß es nur sehr wenigen Tänzerinnen gelingt, die Unmittelbarkeit des Erlebens auch auf eine weite Distanz zum Zuschauer hin noch zu erzeugen.

Das radikal persönliche Moment bewirkt, daß jede große Tänzerin ihren ganz individuellen, unverwechselbaren Stil entwickelt. Durch die Beherrschung der Technik, die genaue Kenntnis von Musikstrukturen und Stil- und Textfragen in der Musik gelingt es ihr, Musik so in Bewegung umzusetzen, daß der Zuschauer als angesprochener Kommunikationspartner sich dem ästhetischen Netz von Musik, Rhythmus, Tanz und Kommunikation nicht mehr entziehen kann.

Wer einmal einen wirklich guten Bauchtanz gesehen hat, wird jenseits von westlichen Klischees ein Stück echter orientalischer Kultur erlebt haben und nicht wieder vergessen.

Wer einmal einem solchen Ereignis beigewohnt hat,

wird jenseits von westlichen Klischees ein Stück echter orientalischer Kultur erlebt haben und dies nicht wieder vergessen.

Ulrike Hegers:
Bauchtanz für Frauen heute

Über den Orient zu uns selbst

Der erste Schritt – Wie Frauen zum Bauchtanz finden

»Wie sind Sie denn überhaupt zum Bauchtanz gekommen?« – Eine unvermeidbare Frage, die mir in allen Pressegesprächen gestellt wird, wie jeder Frau, die im Bekannten- und Kollegenkreis von ihrer Freude am Bauchtanz erzählt. Vor zwölf Jahren sah ich in den Augen der Fragenden dabei immer noch eine ganz besondere Neugier. Man erwartete eine einmalige, abenteuerliche Geschichte. Eine deutsche Bauchtänzerin – das war eine völlig abstruse Vorstellung.

Heute gibt es Bauchtanz in fast jeder Stadt, und die Frage nach dem »Warum« stellen sich vor allem viele der bauchtanzenden Frauen selbst.

Alles fängt meist mit spontaner Begeisterung an. Man sieht eine Bauchtanzvorführung, eine Freundin schildert ihre Erfahrungen im Bauchtanzkurs, oder man lernt Menschen aus einer orientalischen Kultur kennen. Sofort spüren viele Frauen den Wunsch »Das möchte ich auch probieren« oder auch »So möchte ich auch einmal auf einer Bühne stehen und den Applaus genießen«. Meist folgen diesem Wunsch natürlich die entsprechenden Zweifel: »Kann ich das, bin ich

> Alles fängt meist mit spontaner Begeisterung an. Die Frauen spüren: »Das möchte ich auch probieren.«

nicht zu groß/klein, dick/dünn, jung/alt?« Zum Glück hilft oft eine Freundin – die schnell überredet wurde, in einen Kurs mitzukommen – über diese Zweifel hinweg. Es gibt aber auch Frauen, die noch keinen Bauchtanz erlebt haben, die einfach nur »neugierig« sind. Einige werden mehr oder weniger »geschickt«. Ich erinnere mich an eine Frau, die nach der Hochzeitsreise von ihrem Mann zum Bauchtanzkurs gebracht wurde, oder an Frauen, die auf ärztliche oder therapeutische Empfehlung kamen. Auch Frauen, die bereits Erfahrungen in anderen Tanzformen gemacht haben, die sich mit Yoga, autogenem Training, Tai chi, Shiatsu oder weiteren Entspannungs- und Heilmethoden beschäftigen, möchten herausfinden, was denn nun am Bauchtanz so »Besonderes« dran ist. Verschiedene Berufsgruppen hoffen im Bauchtanz etwas zu finden, was sie für ihren Bereich nutzbar machen können. Hierzu gehören vor allem Krankengymnastinnen, Hebammen, Therapeutinnen oder Sozialarbeiterinnen.

Schließlich gibt es auch noch eine Gruppe von Frauen, die über ihr Interesse an der orientalischen Kultur, den Menschen, Ländern, Sprachen oder der Musik zum Bauchtanz finden. Oft ist dieses Interesse an Kindheitserinnerungen und -träume gebunden oder auch, etwas realitätsbezogener, an Reisen oder die Begegnungen mit Menschen aus orientalischen Kulturen.

Es gibt nicht die Bauchtanz-Interessierte. Es tanzen Frauen aus allen Schichten und in jedem Lebensalter zusammen.

Mich fasziniert immer wieder, daß es nicht **die** typische Bauchtanz-Interessierte gibt. Es kommen Frauen aus allen sozialen Schichten im Alter von fünfzehn bis siebzig Jahren. In den Garderoben liegen Pelzmäntel neben Latzhosen, Pumps und Designerkostüme neben Turnschuhen, Jeans und von Kinderhänden verschmierten Sweatshirts.

Nur wenige Frauen fragen sich, ob es einen tiefer liegenden Grund für ihre Neugier auf den Bauchtanz gibt. Allen gemeinsam ist nur der Wunsch, es auszuprobieren. Man will es unbedingt machen, und es macht gerade am Anfang großen Spaß. Bauchtanz ist aufregend, neu, faszinierend, mitreißend und vor allem so vollständig anders als das Alltagsleben.

Die ersten Versuche – die große Begeisterung

Natürlich gibt es auch Frauen, die bereits nach den ersten Kursstunden ihre »Bauchtanz-Geschichte« beenden. Vielleicht war es für sie nicht der geeignete Unterrichtsstil, oder die Schule war nicht auf ihre Motivation ausgerichtet. Manchen ist alles eben doch zu fremd, zu mühsam oder rührt an eigene Gefühle und Grenzen, die man zur Zeit nicht berühren will oder kann.

Die meisten Frauen erfaßt aber gerade zu Beginn eine große Begeisterung. Die ersten Fortschritte werden schnell sichtbar, die Freude darüber, daß man »es lernen kann« ist groß. Im Mittelpunkt der neuen Erfahrungen stehen die ungeahnten »Sinnenfreuden«, die man im Tanz erlebt. Man taucht ein in ein umfassendes Wohlbefinden, der ganze Körper kommt in Schwingung, man spürt die Wärme und die Schwere jedes Körperteils und kann sich schon bald von den Rhythmen der Musik tragen lassen. Der Tanz setzt Energien frei und gibt Kraft für den Alltag. Viele Frauen beschreiben, daß es auch einmal schwer sein kann, nach einem »schlechten Tag« die Tasche zu packen und zum Kurs zu kommen. Aber am Ende der Kursstunde ist alles Schwere weggetanzt, und man sieht offene und frohe, wenn auch meist erschöpfte Gesichter.

Die Glücksgefühle, die man im Tanz erleben kann, sind nicht mit Worten zu beschreiben, weil eben genau dieser Bereich der Sprache, des Verstandes, der Ratio im Tanz ganz zurücktritt. Der Körper steht im Vordergrund **Die größte Freude** und gibt Raum für das, was nicht in Worte **erlebt man zu Beginn** zu fassen ist und doch soviel von uns **darin, seinen Körper** zeigt. Um so ein freies Tanzgefühl zu erle- **im Tanz zu spüren** ben, muß man sich in den Bewegungen **und zu genießen.** wohl fühlen, sie ganz verinnerlicht haben. Dies ist gerade im Bauchtanz schon recht bald möglich. Die Technik verlangt nicht, wie z. B. im Ballett oder Jazzdance, eine besonders große Beweglichkeit, die im Erwachsenenalter nur noch schwer und sehr langwierig zu erlernen ist. Viele Frauen sagen, daß die Bewegungen in ihnen lägen und daß sie sie nur neu entdeckt hätten. Eine Teilnehmerin beschrieb dieses Gefühl so: »Wenn ich den ganzen Tag am Schreibtisch gesessen habe, Einkäufe geschleppt, Kinder versorgt und im Haushalt gearbeitet habe, dann gibt es nichts Schöneres, als endlich meine Arme auszubreiten, meinen Rücken aufzurichten und mit den Hüften das zu malen, was *ich* bin.«

Geht es weiter? Wie geht es weiter?

Der Weg, den Frauen im Bauchtanz gehen, ist ebenso individuell und persönlich, wie ihre Motivation zu tanzen. Das Spektrum reicht von der Frau, für die Bauchtanz der allwöchentlich liebgewonnene Bewegungsausgleich ist, bis hin zu denjenigen, die ihr bisheriges Leben ganz aufgeben und nur noch all ihre Kraft in ihre

Karriere als Bauchtänzerin stecken wollen. Für die meisten Frauen liegt es irgendwo dazwischen. Der Wunsch aufzutreten ist mehr oder weniger stark, für viele völlig unwichtig, für manche der zentrale Punkt. Oft ist die Frage, warum und wie intensiv man Bauchtanz macht, ein ganz wichtiges Thema in den Kursen. Dabei entdecken viele Frauen, daß die Begeisterung für den Bauchtanz immer eng mit ihrer Lebenssituation verbunden ist. Sehr häufig stehen Frauen gerade

Oft beginnen Frauen mit dem Bauchtanz, während sich ihr Leben im Umbruch befindet.

in einer Krise, einem Umbruch, z. B. durch Krankheit, Partnerverlust, Mutterschaft, berufliche Probleme oder Wechseljahre. Bauchtanz kann helfen, Kraft zur Bewältigung dieser Krise zu geben. Wer tanzt, gibt seinen Gefühlen Ausdruck und Raum, setzt sich in seiner Bewegung mit sich selbst auseinander und läuft damit weniger Gefahr, im ständigen Kreisen um die anstehenden Probleme steckenzubleiben. Bauchtanz kann das Selbstvertrauen stärken, den Zugang zur eigenen Persönlichkeit öffnen und Mut machen, auch in anderen Lebensbereichen neue Wege zu gehen.

Eine meiner Schülerinnen hat ihre ganz persönliche Geschichte für dieses Buch aufgeschrieben. Herzlichen Dank an Ingrid, die nun das Wort hat:

Ingrid Krimpenfort:
»Bauchtanz noch mit 46 Jahren?«

Heute sage ich: Auf jeden Fall – und in jedem Alter! Mein Anfang im Jahre 1985 sah allerdings ganz anders aus! Ich hatte meinen einzigen Sohn verloren und war psychisch und physisch am Ende, als meine (junge) Nichte Anne mich aufforderte, Bauchtanz kennenzulernen. Meine entsetzte Antwort: »Ich möchte lieber den ganzen Tag weinen und auf keinen Fall tanzen!« Sie aber redete mir immer wieder zu, und so entschloß ich mich nach langem Zögern, mich zu einem Kursus anzumelden. Innerlich mehr auf Abwehr eingestellt, kam ich zur ersten Stunde. Ich sah mir die Frauen an und stellte fest, daß alle Altersstufen vertreten waren, was mich schon einigermaßen beruhigte; es waren große, kleine dünne und dickere Frauen gekommen, und alle wirkten ziemlich unsicher. Als ich das erste Mal die arabische Musik hörte, war sie mir sehr fremd, aber gleichzeitig auch faszinierend. Wir sollten »im Takt gehen« – nur hörte ich keinerlei Takt heraus! Ich kam mir steif und hölzern vor und wußte vor allem nichts mit Händen und Armen anzufangen, irgendwie waren sie mir absolut im Wege bzw. lästig. Handkreise gingen ja noch einigermaßen, aber bei den Handwellen meinte ich entsetzt: »Mit *den* Händen?« Hüftschieben war äußerst schwierig, aber bei den großen Kreisen fühlte ich mich schon wohler, und die erste Stunde ging schnell vorbei. Draußen unterhielten wir uns noch, und als auf meinen Einwand, daß ich die Musik nicht hören könne, eine Frau sagte: »Ich höre den Takt schon voll heraus!«, verlor ich schon wieder den Mut. Zu Hause habe ich dann (»zu deutscher«) Musik geübt und bekam allmählich ein besseres Gefühl, d. h. die Kreise wurden weich und rund, das Hüftschieben ging besser, und irgendwie fühlte ich mich sehr gut dabei. Ich habe mir dann meine erste Bauchtanzkassette gekauft und mich in die Musik reingehört. Im Laufe der Unterrichtsstunden habe ich versucht, hin und wieder eine Teilnehmerin anzusehen und ihr zuzulächeln, was anfangs nicht nur mir, sondern allen schwerfiel. Aber ganz allmählich lernten wir

Mit der Zeit begann ich, mich selbst zu akzeptieren und »schön« zu finden.

uns besser kennen, erzählten über uns selbst, unsere Hobbys, Probleme, Familie usw. und wurden immer vertrauter miteinander. Und von heute auf morgen war der Bauchtanz faszinierend für mich, er hatte mich voll und ganz vereinnahmt. Meine Begeisterung wollte ich allen mitteilen, und ich glaube heute, daß ich viele ganz schön genervt habe. Ich fing an, meine »Länge« von 175 Zentimetern zu akzeptieren bzw. sogar gut zu finden – während ich früher mit krummem Rücken und eingezogenen Schultern gegangen war, um »nicht so groß auszusehen«. Dann bemerkte ich, daß sich allmählich mein Gewicht reduzierte, was mir äußerst gut gefiel. Ich wurde im privaten Bereich sehr viel selbstbewußter.

Im Bauchtanz war das aber immer noch nicht der Fall; ich fand alle anderen Frauen »besser« als mich, schöner, beweglicher. Mit Händen und Armen stand ich immer noch auf Kriegsfuß, und »Schritte« fielen mir äußerst schwer. Der »eingesprungene Kreis« war unmöglich, und ich gab auf, ihn zu lernen (einige Wochen später »konnte ich ihn« und habe mich über mich selbst amüsiert!) Im Laufe der Zeit wurde ich zwar viel sicherer, war aber immer noch sehr abhängig von der Meinung der anderen.

Und dann kam nach einigen Jahren mein erstes »Unterrichtserlebnis«. Ulrike bat mich, einen Anfängerworkshop zu übernehmen, da sie eine Knieverletzung hatte. Auf der einen Seite war ich begeistert, daß sie mir das zutraute, aber da waren auch wieder meine Hemmungen. Nichtsdestotrotz habe ich mich vorbereitet, mir seitenlange Notizen über den Unterrichtsinhalt gemacht, die Nacht vorher kaum geschlafen und auf der Fahrt zum Unterrichtsort einen Blackout gehabt. Ich habe dann den kompletten Workshop abgehalten, ohne ein einziges Mal in meine Notizen zu gucken, denn nach außen wollte ich ganz sicher wirken, niemand sollte merken, daß ich noch irgendwo »nachgucken« mußte, was ich unterrichten wollte. Der Workshop ist aber trotzdem gut verlaufen, und ich merkte, daß ich eigentlich gern öfter unterrichten würde.

Ich habe dann Anfängerkurse übernommen, die aber anfangs für die Frauen wohl sehr schwierig waren, weil ich ihnen was »bieten« wollte und ihnen viel zu viele Figuren, Drehungen, Schritte usw. beigebracht habe; die Frauen waren wahrscheinlich ziemlich überfordert!

Ich habe dann einen Kursus für »Frauen ab 40« angeboten, weil ich meine, daß gerade »ältere« Frauen sich nicht so ohne weiteres trauen – ich hatte es ja ebenso empfunden! Ich glaube, meine Entscheidung war richtig. Denn ich war damals selbst fast 50 Jahre alt, konnte mich also gut in die Frauen »hineindenken«, ihre Gefühle und Schwierigkeiten nachempfinden.

Ältere Frauen haben mehr Ausdauer und Selbstbewußtsein im Tanz als die jüngeren.

Auch weiß ich inzwischen, was Frauen in dem Alter Spaß macht, was ich ihnen beibringen kann, ohne sie zu überfordern. Im Laufe der Zeit habe ich – in allen Kursen und Workshops – auch gemerkt, daß gerade ältere Frauen beim Tanz viel Ausstrahlung haben und viel Selbstbewußtsein entwickeln. Die jüngeren Frauen begreifen schneller, ihnen fällt vieles leichter – bei den älteren Frauen dauert es länger, bis eine Figur »sitzt«, aber ihre Ausdauer ist sehr viel größer. Und immer wieder höre ich die Begeisterung, daß sich die »Älteren« endlich wieder selbst »fühlen«, sich wohl fühlen, daß sie etwas gefunden haben, was sie vom Alltag ablenkt. Gesundheitliche Störungen wie z. B. Migräne, Rückenschmerzen, Kniebeschwerden usw., die öfter zu Beginn der Stunde beklagt werden, verschwinden einfach, sind am Ende der Stunde ganz einfach »vergessen«! Eine Teilnehmerin, die anfangs ganz klein und zurückgezogen im Kreis stand, gab nach einigen Kursstunden ein schönes Erlebnis zum besten: »Mir ist was Tolles passiert: Ich bin sehr stolz und aufrecht über die Straße gegangen, und plötzlich pfiff ein Mann anerkennend hinter mir her – das ist mir schon Jahre nicht mehr passiert!« Wir haben uns alle mit ihr gefreut!

Ziel meiner Kurse ist in erster Linie, das allgemeine Wohlbefinden zu fördern, das »Sich-gut-fühlen«. Auch wenn es nicht sofort vorhanden ist, aber nach ernsthafter und kontinuierlicher, manchmal auch schweißtreibender Beschäftigung mit dem Tanz stellt es sich unweigerlich ein.

Vortanzen ist mir (und den meisten meiner Schülerinnen) nicht ganz so wichtig, obwohl ich es ab und zu sehr gerne tue. Ich versuche den Frauen klar zu machen, nur dann vorzutanzen, wenn sie es selbst möchten, und nicht, wenn man sie dazu drängen will. Auch rate ich immer, nicht zu früh vorzutanzen, nicht eher, bis sie sich sicher fühlen und in der Lage sind, sich selbst eine eigene Choreographie zu erarbeiten; denn nur dann können sie entsprechend »gukken« bzw. lächeln – bei auswendig gelernten, nicht eigenen Choreographien sieht man dem Gesicht sehr oft an, daß konzentriert »gezählt« bzw. überlegt wird, welche Figur denn gleich kommt. Und ein Kostüm, das zur Tänzerin paßt, finde ich wichtig – schrecklich finde ich aber, jeden »Trend« (z. B. enger, fast kniekurzer, hochgeschlitzter Rock bei nicht wohlgeformten Beinen, wie ich es z. B. in Kairo gesehen habe) mitzumachen. Für mich ist ganz wichtig, daß man der Tänzerin die Freude am Bauchtanz ansieht, daß sie sie ausstrahlt – Technik (obwohl gute Technik sehr wichtig ist) und Kostüm

Nicht das Kostüm ist wichtig. Neben der Technik zählen zu allererst Ausstrahlung und Persönlichkeit.

kommen erst danach. Mir hat auf einem Workshop einmal ein amerikanischer Bauchtanzlehrer gesagt: »Wenn man nach Deinem Tanz zu Dir sagt: Dein Kostüm war toll – das ist das schlechteste Kompliment, das man Dir machen kann! Dann hat nämlich nicht Dein Tanz fasziniert, sondern Dein Kostüm!« Und ich bin sehr froh, wenn die meisten meiner Schülerinnen ähnlich empfinden.

Zum Schluß noch einmal mein Rat an alle »älteren« Frauen: Traut Euch, Bauchtanz zu lernen; es ist eines der schönsten Dinge, die man erleben kann! Natürlich gibt es immer wieder Phasen, in denen die Freude nachläßt, in denen man sich fragt, was soll das, ich »kann« es ja doch nie gut genug. Es gibt Zeiten, in denen man sich mit anderen vergleicht, »alle sind besser als ich« usw. Diese Phasen kommen genau dann, wenn auch im Alltag irgend etwas nicht stimmt. Wichtig ist, daß man dennoch tanzt und versucht, auch im Tanz das Gleichgewicht wiederzufinden. So hilft Bauchtanz eben doch sehr, ohne daß man es selbst merkt.

Ich kann mir meinen Alltag und mein Leben ohne Bauchtanz gar nicht mehr vorstellen und hoffe sehr, noch viele Jahre tanzen zu können!

Bauchtanz – »Chance und Risiko« für weibliches Selbstbewußtsein

»Bewegung« ist heute in endlos vielen Formen, Arten und auch »Ausartungen« sehr aktuell. Die Sportbekleidungsbranche freut sich über anhaltend steigende Nachfrage, die Krankenkassen sponsern Betriebssportprojekte, und immer neue Fitneßcenter bieten einzigartige Methoden zur optimalen »Körpergestaltung«. Der

Körper wird dabei mehr als Maschine betrachtet, die beim richtigen »Input« den gewünschten »Output« liefert. Das Wesen des Menschen, seine Persönlichkeit, hat mit all dem nichts zu tun.

Bauchtanz bietet hier einen ganz anderen Ansatz. Im Tanz läßt sich die Persönlichkeit und die momentane Befindlichkeit nie verstecken. Im Bauchtanz wird vor allem die Frau und ihre Einstellung zu sich selbst, ihrer Weiblichkeit und ihrem Körper sichtbar. Hierin liegt eine ganz besonders große Herausforderung, vor die sich jede Tänzerin gestellt sieht, die sich mit ihrem Tanz bewußt auseinandersetzt.

Im Bauchtanz wird die Einstellung jeder Frau zu sich selbst, ihrem Körper und ihrer Weiblichkeit sichtbar.

Ist man auf dem Weg zu sich und seiner Weiblichkeit, wenn man sich eine »halb-orientalische« Teilwelt aufbaut, die Haare langsam immer dunkler färbt, die Wohnung in ein Beduinenzelt verwandelt und sich zum Ziel macht, den absolut »authentischen« orientalischen Tanz in »echten« Kostümen auf der Bühne zu präsentieren? Das Lächeln auf der Bühne wirkt dann ebenso künstlich wie die dahinter aufgebaute Märchenwelt. Bauchtänzerinnen heute stehen in ständigem Spagat zwischen dem, was Bauchtanz ursprünglich war, was er heute im Orient ist und was er uns »westlichen« Frauen bedeutet, was er uns an verschütteten Werten und Freuden geben kann.

Bauchtanz ist nicht automatisch »Heilmittel« und keine einzig »richtige« Antwort auf die Probleme, die für uns gerade akut sind. Bauchtanz kann helfen, unterstützen, kann Mut und Trost geben, kann für körperliche und seelische »Geistesblitze« sorgen, – aber immer ohne Gewähr. Es kommt darauf an, wie offen jede

Die Kraft, die Bauchtanz frei werden läßt, sollte vor allem auch in das »Alltagsleben« einfließen.

Frau dafür ist, in ihrem Tanz etwas von sich selbst wahrzunehmen. Mir fällt z. B. immer auf, daß Drehungen bei mir um so besser klappen, je sicherer mein momentanes inneres Gleichgewicht ist. Wenn da etwas nicht stimmt, wenn ich unzufrieden mit mir bin oder mal wieder zu oft »Ja« gesagt habe, wo ich »Nein« meinte, dann fühle ich mich auch im Tanz zunächst »falsch«, nichts will klappen. Und irgendwann packt mich dann doch wieder die große Bewegungsfreude, ich konzentriere mich ganz auf die Bewegung und die Musik, fühle mich wieder »eins«. Auf diesem Wege kann Tanz auch zur Flucht werden. Er hilft immer wieder dabei, sich besser zu fühlen, kann Wut und Unzufriedenheit abbauen und sorgt für neue Kraft. Dann kommt es darauf an, diese Kraft zur Bewältigung der Alltagsprobleme zu nutzen und sich nicht in dem im Tanz gewonnenen »Wohlbefinden« auszuruhen. Auf diesem Wege kann Bauchtanz Chance für weibliches Selbstbewußtsein werden. Durch die ständige Auseinandersetzung mit sich selbst im Tanz und im »Alltagsleben« können viele Konflikte, Entscheidungen und Sichtweisen sehr differenziert wahrgenommen und beurteilt werden. »Über-Kopf-Gedanken« werden durch den Tanz weicher, flexibler und haben weniger Chancen, sich allein durchzusetzen.

Ein besonderes »Risiko« für weibliches Selbstbewußtsein kommt auf viele Frauen zu, die sich intensiver mit dem Bauchtanz beschäftigen. Wenn sie überlegen vielleicht aufzutreten, wird die Sache für sie einfach etwas »ernsthafter«. Irgendwann begegnen uns dann unerwartet und dafür oft um so heftiger die guten alten Bekannten »Neid, Konkurrenz, Eifersucht ...« und all das, was Frauen untereinander immer wieder an negativen Eigenschaften mehr oder weniger begründet nachgesagt wird. Das Leistungs- und Konkurrenzdenken, das unsere Gesellschaft bestimmt, kann

Konkurrenz- und Leistungsdenken sind meist ein Zeichen für die eigene Unsicherheit.

man leider nicht in der Garderobe ablegen, plötzlich dringt in die mit Wonne gefundene »Inselwelt Bauchtanz« all das ein, was wir doch gerade nicht mehr leben wollten. – Leider läßt sich das nicht so einfach verhindern. Gerade im Tanz, wo wir so viel von uns zeigen, wo es vor allem um unser gerade vorsichtig gewachsenes körperliches Selbstbewußtsein geht, sind wir sehr verletzlich. Ein Schutz kann da die Abgrenzung von anderen sein: »Die tanzen aber in der und der Schule gar nicht klassisch ägyptisch, bei denen geht es ja nur um Kostüme und Show, die und diese spielen sich ständig in den Vordergrund, hast Du schon gehört, was die über die gesagt hat ... usw.« In dem Gespräch darüber, wie und warum andere tanzen und welchen Weg man selbst geht, befindet man sich ständig auf einer Gratwanderung zwischen der berechtigten und sinnvollen Auseinandersetzung mit dem eigenen Tanz und dem Abrutschen in die Suche nach Selbstbestätigung durch Herabsetzung anderer. – Ein Verhaltensmuster, das es nicht nur in der Welt des Tanzes gibt. Nur setzen sich die meisten Bauchtänzerinnen zum Ziel, ein von Konkurrenz und Leistungsdenken freies Zusammensein unter Frauen zu leben, das aber allein durch diese Zielerklärung nicht zu erreichen ist. Hier ist viel Sensibilität und Bereitschaft zur Offenheit und zum Annehmen eigener Unsicherheiten gefragt, und damit eröffnen sich gleichzeitig auch wieder Chancen für weibliches Selbstbewußtsein. Es ist erstaunlich, welche Tore sich öffnen, wenn man es schafft, die eigene Fehlbarkeit und die eigenen Ängste vor sich selbst zuzulassen und auch in das Gespräch mit anderen einzubringen. Ich halte es für ein Zeichen von Kompetenz, wenn eine Bauchtanzlehrerin auch zugeben kann, daß sie etwas nicht kann oder weiß, solange sie natürlich über eine eigene solide Basis verfügt. So kann sie z. B. im Kurs für eine Stimmung sorgen, die nicht von vergleichenden Blicken der Frauen untereinander bestimmt ist, sondern die Raum für Gespräche in »weiblichere Richtungen« gibt. Darunter verstehe ich das Zulassen von gegensätzlichen Polen wie Erfolg und Mißerfolg, Angst und Mut, Freude und Leid sowie all dem, was das Leben zwischen diesen Polen ausmacht. Wie langweilig und wenig gegenwärtig ist das alleinige Streben und Kämpfen für zukünftige Erfolge, wenn der Weg dorthin mit allen Höhen und Tiefen nicht als ebenso lebenswert empfunden wird. Tanz ist die gegenwärtigste aller Kunstformen. Tanz gibt es nur in dem Augenblick, wo er geschieht, er wird nicht für die Ewigkeit, sondern für den Moment geschaffen.

Studio oder Volkshochschule – Wo finde ich den richtigen Kurs?

Heute ist Bauchtanz in Deutschland so verbreitet, daß man in einer größeren Stadt schon vor der Qual der Wahl steht. Grundsätzlich kann man zwischen dem Angebot eines Studios mit Vertrag und dem zeitlich befristeter Kurse wählen.

Wichtig ist es vor allem, die »richtige« Lehrerin zu finden. In Studios kann man meist unverbindliche Probestunden nehmen und versuchen zu spüren, ob Ausstrahlung und Unterrichtsform zusagen. Auch ein mehrwöchiger Kurs ohne weitere vertragliche Bindung gibt hierzu Gelegenheit.

Stimmung, Kontinuität, die Möglichkeit von Probestunden und die Erfahrungen der Lehrerin können Angaben zur Qualität des Unterrichts sein.

Über die fachliche Qualifikation der Lehrerin kann man als Anfängerin wenig urteilen. In den Ankündigungen der Schulen werden oft die LehrerInnen der Unterrichtenden angegeben. Das kann sehr viel oder auch gar nichts sagen. Selbst wenn man die aufgeführten, meist bedeutenden Persönlichkeiten der orientalischen Tanzwelt kennt, kann »Schülerin von ...« bedeuten, daß die Betreffende dort lange und intensiv studiert hat, oder aber auch, daß sie einen fünfstündigen Workshop besucht hat – dies trifft in der Mehrzahl der Fälle zu. Im Unterricht selbst halte ich gerade für Anfängerinnen ausführliche Erläuterungen und Korrekturen für wesentlich. Wird ausreichend Zeit gegeben, die richtige Grundhaltung zu spüren, kann die Lehrerin bei jeder Frau individuell erkennen, wo Haltungsprobleme liegen oder warum eine Bewegung nicht klappt. Wenn das Angebot an differenzierten Fortgeschrittenengruppen und Workshops schon recht groß ist, hat man einen weiteren Anhaltspunkt dafür, daß auf so breiter Basis ein gewisses Maß an Qualität geboten wird und offensichtlich viele Frauen mit dem Angebot zufrieden sind.

Viel sagt auch die Stimmung in einem Studio aus. Steht man nur vor einem Spiegel oder auch mal im Kreis? Wird geredet und gelacht, sehen sich die Frauen beim Tanzen an, oder tanzt jede nur für sich? Unterhalten sich die Frauen in der Garderobe, wird viel Wert auf Kostüme und Aussehen gelegt? Da viele Lehrerinnen auch in der Öffentlichkeit tanzen, bietet sich dabei eine weitere Möglichkeit des Kennenlernens. Wie ich immer wieder gern betone, läßt sich im Tanz die Persönlichkeit einer Frau nicht verbergen. Wenn man bei einem Auftritt nicht nur von Kostüm und Körperbeherrschung, sondern ebenso von Ausstrahlung und Ausdruck der Tänzerin begeistert ist, kann man zu Recht darauf hoffen, daß sie eine gute Lehrerin ist, vorausgesetzt allerdings, sie unterrichtet gerne.

Oft beobachte ich bei Gruppen, die lange zusammen tanzen, daß sie hervorragend zueinander passen. Im Laufe der Jahre wechseln die Frauen meist einige Male die Lehrerin, bis die »richtige« gefunden ist – und das kann für jede Frau wieder ganz unterschiedlich sein. Besonders deutlich wird für mich, wie wichtig dieser Aspekt ist, wenn ich mich im Unterricht einmal vertreten lasse oder selbst eine Vertretung übernehme. Wegen der Eigenschaften, die mich bei meinen Schülerinnen beliebt machen, werde ich in einem anderen Kurs fast rausgeschmissen: »... unglaublich, welches Tempo die vorlegt, eine einzige Hetze, viel zu schnell, zu kompliziert, find' ich unmöglich ...« – so klang es aus der Garderobe, während ich mich schnell aus dem Staub machte. Die Beschimpfungen, die die Kursleiterin dieses Kurses über sich ergehen lassen mußte, als sie mich vertrat, mag sich jeder selbst ausmalen. Wir haben uns gegenseitig »getröstet« und auf die Schulter geklopft, unseren Kursteilnehmerinnen von unseren Erfahrungen berichtet und natürlich viel dabei gelacht. Wieder einmal war bewiesen, daß Bauchtanz sehr eng mit dem individuellen Temperament und dem Wesen der Frauen verbunden ist.

Jede Frau sucht sich auf Dauer eine Lehrerin, die zu ihrem Temperament, zu »ihrem« Rhythmus paßt.

Bauchtanz – Gesundheit und Wohlbefinden für die *ganze* Frau

Bauchtanz, Gesundheit und Entspannung

Bauchtanz ist der Tanz der Frauen. Er entspricht unserem Körper, seinen Bewegungen und Funktionen. Als die Frauen sich diesen Tanz geschaffen haben, müssen sie noch ein ursprüngliches Wissen um ihren Körper gehabt haben. Sie taten intuitiv das, was sie gesund erhielt.

Bauchtanz ist kein Fitneßtraining. Es geht nicht darum, Leistungen in Kondition, Kraft oder Beweglichkeit gezielt meßbar zu erbringen. Im Mittelpunkt steht der Tanz, der die ganze Frau, ihre Stimmungen und Sinne ebenso anspricht wie ihre körperliche Befindlichkeit. Unvermerkt und dafür um so wirkungsvoller sorgt er dabei für einen beweglicheren, stärkeren und weiblicheren Körper und seine Gesundheit.

Als Beispiel führe ich in meinen Kursen immer wieder gern die Übungen vor, die uns zahllose Frauenmagazine in immer neuen Variationen zur Kräftigung des Muskels empfehlen, der den Busen trägt (schwere Bücher auf den Handflächen, die Arme weit ausgestreckt, ...). Nachdem das allgemeine Gelächter und Wiedererkennungsgemurmel der Teilnehmerinnen nachläßt, zeige ich den Frauen, wie beim Bauchtanz das gleiche ohne Langeweile, Bücher und Kraftakt erreicht wird. Der Busen bekommt Halt durch die aufgerichtete Haltung und die Arm- und Schulterbewegungen.

Ähnlich wie bei Ausdauersportarten wird auch beim Bauchtanz das Herz-Kreislauf-Atem-System durchschnittlich hoch und gleichmäßig belastet. Inzwischen ist bekannt, daß Kondition und Ausdauer eine besondere Stärke der Frauen sind. Frauen können mehr Langzeitenergie aufbringen als Männer. Durch den Bauchtanz ist der Körper auf Dauer fähig, besonders viel Sauerstoff aufzunehmen, das Atemvolumen wird größer.

Bauchtanz sorgt unvermerkt und dafür um so wirkungsvoller für einen gesunden weiblichen Körper

Durch eine erhöhte Sauerstoffzufuhr verfügt man über mehr Kraft, fühlt sich lebendiger, der gesamte Körper ist in besserer Verfassung und für Krankheiten weniger anfällig. Blutgefäße vergrößern und vermehren sich und bewirken zusätzlich eine bessere Durchblutung und Straffung des Gewebes. Durch die Bauchtanzbewegungen des Beckens wird vor allem der Unterleib gut durchblutet, entspannt und gelockert. Hier liegt für viele Frauen ein unschätzbarer Wert des Bauchtanzes. Körperliche Bewegung und regelmäßige Verdauung hängen eng zusammen. Durch den Tanz werden die Darmmuskeln zu verstärkter Arbeit angeregt. Schadstoffe verlassen den Körper schneller, man fühlt sich wohler.

Viele Frauen berichten außerdem von einer positiven Auswirkung auf die Regelmäßigkeit ihres Zyklus und das Wohlbefinden während der Menstruation. Ein weiterer wichtiger Aspekt der Gesundheit ist die Körperhaltung. Eine Verbesserung kann im Bauchtanz gleichzeitig von innen durch die Stärkung des Selbstbewußtseins wie auch von außen durch die stolz aufgerichtete Haltung der Bauchtänzerin bewirkt werden.

Eine gute Haltung ist erreicht, wenn sich der gesamte

Körper in einem ausgewogenen Spannungszustand befindet. Viele Verspannungen in Schulter oder Becken haben ihre Ursache in einer falschen Körperhaltung. Wenn das Knochengerüst nicht in seiner natürlichen Balance gehalten wird, befinden sich einige Muskelgruppen in ständiger Anspannung, andere wieder erschlaffen mit der Zeit.

Bei dem sehr verbreiteten Hohlkreuz zum Beispiel sind Gesäß- und Oberschenkelmuskulatur verspannt, die Bauchmuskeln dagegen erschlaffen. Der Bauch wird nach vorne gestreckt, das Becken nach hinten; eine ungeheure Fehlbelastung für die Wirbelsäule, die zu späteren Bandscheibenbeschwerden führt. Auf **Bauchtanz ist ein hervorragendes Haltungstraining. Er wirkt von »innen« und »außen«.** die immer wieder gestellte Frage, ob man durch den Bauchtanz abnehmen könne, erwidere ich in diesem Zusammenhang immer: »Ja, 5 kg in 2 Sekunden« – und lasse zunächst meinen Bauch vorne heraushängen, gehe ins Hohlkreuz, schiebe die Hüfte nach hinten, dann fallen noch die Schultern nach vorn – die Standardhaltung der meisten Frauen heute ist erreicht —, dann beginne ich mich langsam wieder aufzurichten, schiebe das Becken in die Körpermitte, der Bauch streckt sich nach oben (ohne angespannt zu sein), schließlich öffne ich noch meinen Brustkorb ein wenig und hebe dadurch die Schultern, – schon steht eine ganz andere Frau da und wirkt mindestens 5 kg leichter, obwohl das bestimmt nicht das wichtigste ist.

Der Bauchtanz ist eine ideale Haltungsschulung; bewegt wird wie in keiner anderen Sport- oder Tanzart der gesamte Torso, der Wirbelsäulenbereich. Aus der Grundhaltung, die der natürlichen Körperbalance entspricht, werden die Bewegungen innerhalb des Körpers, nicht vorwiegend durch die Fortbewegung des gesamten Körpers ausgeführt. Dabei werden die für die Haltung wesentlichen Muskelgruppen bewußt angespannt und entspannt. So wird im Bauchtanz die natürliche Körperhaltung nicht nur von außen aufgesetzt, sondern mit der Zeit »herbeigetanzt«. Frauen, die zuvor in sich »zusammengefallen« waren, können sichtlich wachsen und sich nach außen öffnen.

»Entspannung« ist für viele Frauen ein weiterer Grund, Bauchtanz zum festen Bestandteil ihres Lebens zu machen, denn »Streß« bestimmt heute leider fast ebenso sehr unseren Alltag. Streßforschung wird von vielen Wissenschaften betrieben, und man ist sich einig, daß Streßreaktionen ursprünglich überlebensnotwendig waren. In Situationen der Gefahr blieben dem Menschen zwei Möglichkeiten, Kampf oder Flucht. Dafür ist

Entspannung geschieht im Bauchtanz ganzheitlich durch Bewegung, Musik und Geselligkeit.

der Mensch einerseits in der Lage, viele Körperfunktionen zu beschleunigen und zu aktivieren und andererseits alles auszublenden, was für die Reaktion auf die Gefahr nicht erforderlich ist. Die Reaktion des »Urmenschen« auf Streß war in jedem Fall mit besonderer körperlicher Anstrengung und viel Bewegung verbunden. – Heute müssen wir auf die »Gefahren« unseres Lebens meist mit »Ruhigbleiben« reagieren, sei es, wenn das Kleinkind ohne Gnade unsere Nerven strapaziert, wir über lange Zeit unter Termindruck stehen oder persönliche Probleme und Ärger am Arbeitsplatz uns belasten.

Die Folge von zu lange ertragenen, nicht bewältigten Streßsituationen muß über kurz oder lang zu großen Muskelverspannungen und auch zu Krankheiten führen, deren Herkunft wir oft selbst genau kennen – »... das ist mir auf den Magen geschlagen, es geht mir an die Nieren, ich hab' die Nase voll, mir kommt die Galle hoch, das hat mir das Rückgrat gebrochen, da ist mir die Luft weggeblieben, das sitzt mir im Nacken ...« Entspannung ist angesagt, da sind sich Ärzte, Psychologen und auch die Krankenkassen einig. Es werden heute zahlreiche Entspannungstechniken wie z. B. autogenes Training angeboten. Beim Bauchtanz entspannen wir die Muskeln durch die Bewegung, können die natürlich angelegten Streßreaktionen »Flucht oder Kampf« im freien Tanz »austoben«. Ein weiterer entspannender Moment ist die Geselligkeit. Es gibt für mich nichts Entspannenderes als einen Kursabend, an dem viel gelacht wurde. Schließlich sind auch die verschiedenen Entspannungsübungen, mit denen wir den Kurs beenden, nach der körperlichen Anstrengung im Tanz eine ganz besondere Wohltat für Körper und Seele.

Bauchtanz und Körpergefühl

In jedem meiner Kurse taucht spätestens in der 2. Woche die Frage auf, ob man durch Bauchtanz abnehmen könne. Eine Frage, die ich – so gestellt – ungern beantworte, weil sich wesentlichere und unausgesprochene Probleme dahinter verbergen.

Ich denke dabei an die Beziehung zu unserem Körper, die im Leben jeder Frau eine große Bedeutung hat. Wir haben eine ganz besonders enge Verbindung zu unserem Körper und zur Körperlichkeit überhaupt. Wir sind gestimmt durch die Veränderungen, die der weibliche Körper in seinen Lebensphasen durchläuft: den Rhythmus der Menstruation, die körperlichen und seelischen Leistungen und großen Umwälzungen während der Schwangerschaft und der Geburt, schließlich auch die Wechseljahre und das Alter.

Nicht umsonst ist der Mond das Symbol der Frau; er bestimmt unseren Zyklus, beeinflußt den Zeitpunkt der Geburt unserer Kinder, steht mit seinem Rhythmus des Zu- und Abnehmens für unseren Lebensrhythmus der ständigen Veränderung.

Wir Frauen sind das »starke« Geschlecht, weil wir widerstandsfähiger und ausdauernder sind, weil wir dem Leiblichen näherstehen. Dies wird im Bauchtanz ausgedrückt, und ich glaube, daß jede Frau im Tanz diese ursprüngliche Kraft spüren kann.

Dennoch habe ich im Gespräch mit vielen Frauen oft den Eindruck, daß ihnen ein »toter« Körper lieber wäre. Er soll immer gleich schlank und straff sein, genau dem Maß des herrschenden Schönheitsideals entsprechen. Vom Kopf her abwärts haben wir es nur mit dem »Feind Körper« zu tun, den wir unser Leben lang bekämpfen müssen. Die Menstruation ist den meisten lästig, durch Verspannungen im Unterleib ist sie oft mit Schmerzen verbunden; aber auch die Anzeichen unseres Körpers, das leichte Anschwellen von Brust und Bauch, die schwankenden Stimmungen und Geschmacksgelüste werden von vielen nur als unangenehm empfunden. Vielleicht, weil sich schon darin die Lebendigkeit unseres Körpers zeigt, die uns fremd ist, der wir in unserem Leben keinen Platz einräumen wollen und oftmals so schlecht können.

Warum empfinden wir es nicht als wertvoll, ein sich ständig ändernder und lebendiger Organismus zu sein? Warum stehen wir nicht zu der uns eigenen Körpernähe, warum hat sie keine Bedeutung für uns?

Es geht hier nicht um die Glorifizierung des weiblichen Körpers, sondern ganz einfach um die Tatsache, daß es ihn gibt und daß wir als Frauen ihn beleben können. Selbstverständlich ist das nicht nur schön, leicht zu genießen und einfach. Lebendigkeit ist nicht statisch, lebendig ist nur Veränderung und darin eingeschlossen die Vergänglichkeit. Die Nähe zum Leben schließt die Nähe zu Schmerz, Leid und Tod mit ein. Die Fähigkeit, Kinder zu gebären, geht zusammen mit der Sorge um ihr Leben, mit der langsamen, aber sicheren Trennung.

Ich bin überzeugt, daß Frauen wie Männer diese besondere Verbundenheit der Frau spüren.

Im Bauchtanz findet sich eine Möglichkeit, sie aufzuspüren und im Tanz den Körper zu entdecken, der neben der ganzen Kopflastigkeit, all dem ständigen Denken und Reden Möglichkeit zur Mitteilung, zum Ausdruck und vor allem zur Bewältigung des Lebens geben kann. Es ist bestimmt nicht leicht, den alten »Feind Körper« kennenzulernen, ihn anzunehmen, den Konflikt mit ihm auszutragen und schließlich in ihm zu wohnen. Der lange Weg lohnt sich jedoch bestimmt, weil man einen großen, bedeutsamen Teil von sich selbst zum Leben erweckt. Der Bauchtanz kann hier eine Hilfe sein, weil das Entscheidende am Tanz nicht die leblose, tote Figur, die äußere Hülle der Frau ist, sondern die *Bewegung*.

Nicht die Tänzerin in ihrer Erscheinung ist schön, sondern sie als Mensch in ihren Bewegungen und Gesten. Daher ist auch Bewegung die beste Möglichkeit, den Körper kennenzulernen. Abmagerungskuren, endloses Diskutieren oder Nachdenken helfen wenig weiter, erst dadurch, daß sich Hüften bewegen, werden sie lebendig und gehören dazu.

Wer auf diesem Weg einige Schritte gegangen ist, wird feststellen, daß die Bewegungen beruhigen und aufmuntern können, Stimmungen wesentlich beeinflussen und Ausdruck des momentanen Lebens der Frau in ihrer Situation sind.

Wie entsetzlich langweilig wäre eine Gruppe von Frauen, die alle gleich dünn, nach gleicher herrschender Norm proportioniert wären und die gleichen Bewegungen ausführen würden. Beim Bauchtanz ist die Individualität jeder Frau gefragt, das Unberechenbare, die großen und kleinen Unterschiede, die in unserer technisierten Welt ständig begradigt werden sollen, wie zum Beispiel bei Aerobic.

Für den Bauchtanz ist die Eigenart der Tänzerin, ihre Ausdruckskraft, ihr unverwechselbares Wesen als Frau entscheidend. Durch den Tanz werden die Bewegungen jeder Frau weicher, entsprechen mehr ihrem Körper, werden leichter und stolzer – und das nicht nur während des Tanzens.

Es ist möglich, daß eine Frau dabei Gewicht verliert, es kann daran liegen, daß nicht mehr die Lust am Essen, sondern die Freude am Tanzen, an dem von Konkurrenz befreiten Zusammensein mit anderen Frauen im Vordergrund steht. Eine andere Frau nimmt vielleicht an Gewicht zu, weil nicht mehr der Wunsch nach »Zerbrechlichsein« für sie wesentlich ist. Gewonnene innere Stärke zeigt sich auch äußerlich. Für jede Frau wird die Auseinandersetzung auf dem Weg zu ihrem Körperausdruck anders verlaufen. Sie ist abhängig von der bisherigen Lebenszeit, den dort gemachten Erfahrungen und vor allem von der Aufrichtigkeit vor sich selbst.

Es geht um die Frage, welches Schönheitsmaß wir uns selbst setzen. Das geltende Maß zu nehmen wäre zu einfach, man muß schon das Selbstbewußtsein entwickeln, sich selbst zu fragen, wie möchte ich »schön« sein? Wie strahle ich meine Schönheit, mein Wesen, mein Frausein von innen nach außen aus? Könnte vielleicht ein Bauch, der erzählt, daß er schon mehrere Kinder geboren hat, »schöner« sein als einer, der mehr eine »Kuhle« als ein Bauch ist?

Oder könnten einige Rundungen, die von der eigenen Unzufriedenheit und Bewegungslosigkeit erzählen, etwas verstecken, was sich unter Rundungen verbirgt und darauf wartet, geweckt zu werden? Fragen, die jede Frau nur sich selbst, aber im Gespräch mit anderen Frauen beantworten und immer wieder neu stellen kann.

Ein Maß ist für mich die Beweglichkeit und der Ausdrucksreichtum der Kinder. Sie lachen und weinen mit dem ganzen Körper, sind voll von ursprünglicher Bewegungsfreude, mit der sie ihr Leben füllen und uns immer wieder erfreuen und faszinieren.

Mit einem so lebendigen Körper unser Leben als Frauen zu tanzen, heißt für mich – *Bauchtanzen*.

Erotik und Sinnlichkeit

Es gibt bestimmt die/den eine/n oder andere/n Leser/in, die nach dem Studium des Inhaltsverzeichnisses zunächst einmal dieses Kapitel aufgeschlagen hat. Auch in unserer doch so »aufgeklärten« Zeit sucht man hier nach dem Geheimnis, nach dem Aufregenden und

Die Geschichte des Bauchtanzes ist immer auch die Geschichte der Frauen.

»irgendwie Verbotenen«. Wenn ich auf »Workshoptournee« in Interviews mit Redakteuren kleiner Lokalzeitungen zu diesem Thema gesprochen habe, war es immer wieder spannend zu sehen, was hinterher veröffentlicht wurde. Die übliche Frage: »Ist Bauchtanz denn nicht ein Anmachtanz?« Mein Antwortversuch: »Die Geschichte des Bauchtanzes ist immer die Geschichte der Frauen, und darin war er z. B. nach den Ursprungszeiten des Matriarchats, in denen er die Kraft und den Stolz der Frauen auf ihre Fruchtbarkeit ausdrückte, in unterdrückten Lebenssituationen auch ›Anmachtanz‹ in dem Sinne, wie ich Ihre Frage jetzt verstehe. Er kann aber auch in positivem Sinne ›anmachen‹ oder treffender gesagt ›anregen‹ und zwar Frauen und Männer. Er kann anregen, sich selbst und das Leben mit allen Sinnen zu erfahren, Freude am Lebendigsein zu haben, sicher und stolz im eigenen Körper zu wohnen, die eigene Erotik und die anderer Menschen wahrzunehmen und bewußt zu gestalten. Das kommt zum einen immer auf die Tänzerin und ihre Einstellung zu sich selbst und zum Tanz an und zum anderen auf das, was in den Köpfen der Zuschauer vorgeht.« ... Später ist dann unter dem Titel »Deutsche Bauchtänzerin keine Haremsdame« zu lesen, daß ich Bauchtanz in erster Linie als Fitneßtraining und Körperarbeit verstehe, auf das Bild der »Animierdame« wollte ich mich nicht festlegen lassen. – Im Laufe der Jahre habe ich es gelernt, mich etwas weniger über diese Artikel zu ärgern. Gleichzeitig habe ich mich natürlich auch gefragt, ob ich mich so undeutlich und unverständlich ausdrücke oder ob die Begriffe »Erotik, Sexualität, Sinnlichkeit« in den meisten Köpfen noch so einseitig festgelegt sind, daß etwas ganzheitlichere Erklärungsversuche nicht ankommen. Schon darin zeigt sich für mich ein Mangel an Sinnlichkeit, an mußevollem Offensein für Gedanken und Meinungen des Gegenübers.

Erotik und Sexualität haben in verschiedenen Kulturen, Religionen und Epochen ganz unterschiedlichen Stellenwert. Sie werden tabuisiert, mit Schuldgefühlen besetzt oder auch als natürliche Bereicherung in das Leben der Menschen integriert. Immer wird gleichzeitig etwas

Erotik und Sexualität haben in verschiedenen Kulturen sehr unterschiedlichen Stellenwert. Auch Macht und Abhängigkeitsstrukturen zwischen Frau und Mann werden sichtbar.

sichtbar über das Verhältnis von Frau und Mann, über die Wertschätzung, die jedem entgegengebracht wird und über mögliche Abhängigkeits- und Machtstrukturen.

Unser heutiges Verhältnis zur Erotik scheint mir mehr als kompliziert. Es ist zum einen bestimmt von immer mehr Freizügigkeit, Aufklärung und öffentlicher Diskussion zum Thema Sexualität, zum anderen von einer großen »Verarmung« in einer Zeit, in der es vor allem um Schnelligkeit, Effektivität, Mechanisierung und Zielstrebigkeit geht, wie es sich zum Beispiel auch in den immer weiter entwickelten Wegen der künstlichen Befruchtung zeigt.

Bauchtanz setzt dem eine nicht zielgerichtete Erotik gegenüber. Wir tanzen nicht, um damit, sobald wir es können, »irgendwann« einen Mann zu verzücken, sondern um in jeder Sekunde, in der wir tanzen und leben, unserer weiblichen Sinnlichkeit Raum und Zeit zu geben. Darin eingeschlossen ist dann natürlich auch die Beziehung zum Partner. Viele Frauen berichten, daß sich dort »einiges tut«, wenn die Frau durch den Bauchtanz zu einem neuen Selbstgefühl kommt. Beim Bauchtanz, den die Frauen in erster Linie zu ihrer eigenen Freude tanzen, werden sie eben nicht zum »Objekt« (wie es nicht nur die Lokalredakteure gern vermuten), sondern entwickeln vielmehr ihre eigene Sinnlichkeit. Die bewußt erlebte Freude und die Lust am Tanzen hilft dabei, die oft lebenslang gewachsenen und gesellschaftlich geprägten Hemmungen abzubauen. Wer seine eigene Körperlichkeit annimmt und wertschätzt, ist weniger gefährdet, der Jagd nach herrschendem Schönheitsideal zu erliegen oder sich von doppelbödigen Moralvorstellungen leiten zu lassen.

Schwangerschaft und Geburt

Schwangerschaft und Geburt: die natürlichste Sache der Welt! – so tönt es uns aus allen Medien entgegen. Ich frage mich nur, warum dann ein so unglaublicher Aufstand darum gemacht wird. Hinweise und nur gut gemeinte Ratschläge erhält man von allen Seiten zur »richtigen« schadstoffarmen Ernährung, zu Bewegung, Schlaf, Atmung, Kleidung und Körperpflege ... Wo bleibt diese grenzenlose Sorge um das »werdende Leben« wenn es etwas gewachsen ist und keinen schadstoffreien Raum zum Spielen hat?

Bei all den Ratgebern, die ich – wie wohl jede andere Mutter – während der Schwangerschaft verschlungen habe, berührte mich die Schutzbedürftigkeit, mit der die Schwangeren dargestellt wurden, sehr unangenehm. Für mich bringt gerade Schwangerschaft und Geburt in ganz besonderem Maße die ungeheure Kraft der Frauen zum Ausdruck.

In Schwangerschaft und Geburt wird die ungeheure Kraft der Frauen sichtbar.

Viele sagen von sich: »Ich habe mich nie so stark, selbstbewußt und unangreifbar wie in der Schwangerschaft erlebt«. Diese Kraft ist für mich das, was Frauen ausmacht. Jede Frau hat sie und kann sie nicht nur im Muttersein entdecken und ausleben.

Die Gefühle und Stimmungen, die ich während Schwangerschaft und Geburt erlebte, haben mich oft an das erinnert, was ich beim Tanz herausragender Bauchtänzerinnen empfunden habe. Der Höhepunkt eines Tanzes ist erreicht, wenn es nicht mehr um oberflächliche Schönheit und Anmut der Bewegungen geht, wenn nicht mehr die atemberaubende, virtuose Technik der Künstlerin fasziniert, sondern eine tiefe, ursprüngliche und umfassende weibliche Kraft zum Ausdruck kommt, von der das Publikum ganz in den Bann gezogen ist. Dann endet das Zuschauen und beginnt das Mitleben und Mittanzen. Man fühlt den eigenen Puls im Gleichklang mit dem Tanz und wacht erst wieder auf, wenn der letzte Trommelschlag verklungen ist. In diesen Momenten geht es nicht um die äußere Erscheinung, die ästhetischen Bilder, sondern um das Geheimnis des menschlichen Lebens, das eben nicht in erster Linie »schön« ist. Kaum jemand kann sich diesem Zauber entziehen. Er wirkt meist noch lange nach, die Zuschauer sind tief berührt und spüren, daß ihre Gefühle nicht nur kurzfristig »aufgeputscht« wurden wie z. B. bei einer spektakulären »Stunt-Show«.

Während Schwangerschaft und Geburt fühlen sich viele Frauen ebenso von nicht geahnten körperlichen und seelischen Tiefen berührt. Zum ersten Mal hat man seinen Körper nicht »unter Kontrolle«, er bestimmt mehr als zuvor unser Leben. Das ist ungewohnt und nicht immer leicht anzunehmen, vor allem, wenn man sich durch die Flut gut gemeinter Ratschläge zusätzlich entmündigt fühlt.

Für Frauen, die den Bauchtanz bereits vor der Schwangerschaft kannten, ist es völlig klar, daß sie weiter tanzen. Für jeden Kursus ist ein »Bauchtanzkind« ein ganz besonderes Ereignis. Es ist für die Schwangere ein herrliches Gefühl, wenn der wachsende Bauch jede Woche neu begutachtet wird, und ich erinnere

Im Bauchtanz kann die Mutter mit ihrem Ungeborenen in einen intensiven Kontakt kommen.

mich, daß ich gerade von Frauen mit schon »großen« Kindern gerne Ratschläge entgegengenommen habe; sie liefen meist unter dem Motto »Alles halb so wild!«. Im Tanzen nimmt man die Veränderungen des Körpers noch einmal neu wahr. Ich erinnere mich an eine erste Kursstunde nach den Sommerferien. Der Bauch einer

Teilnehmerin war prächtig gewachsen, und stolz drehte sie ihren ersten großen Hüftkreis – bei dem sie jedoch durch die veränderten Körperproportionen das Gleichgewicht verlor und mehr oder weniger auf der Nase landete. Es war nichts passiert, und nach dem ersten Schreck lagen wir alle vor Lachen auf dem Boden. Seitdem steht oft ein Kinderwagen in der Ecke, und Talentproben von inzwischen herangewachsenen Kleinkindern machen deutlich, daß Bauchtanz auch für Kinder im Mutterleib eine herrliche Sache ist.

Inzwischen ist es allgemein bekannt, daß bereits Ungeborene ein eigenes Seelenleben haben. Sie können ab einem bestimmten Zeitpunkt sehen, hören und fühlen. Das Seelenleben von Mutter und Kind ist eng miteinander verbunden.

Die Bewegungsfreude der Kinder, ihr ständiges Schaukeln, Schwingen, Wiegen und Hüpfen ist auf ihre Erfahrungen im Mutterleib zurückzuführen. Sie lieben das Auf und Ab, die federnde Bewegung, an die sie vom Gang der Mutter her gewöhnt sind. Die ruhigen, schaukelnden Bewegungen wiegen das Ungeborene, das

Bauchtanz als Geburtstanz gab und gibt es bei Naturvölkern.

Fruchtwasser drückt auf die Haut, das Baby wird schon im Mutterleib »gestreichelt«. Im Bauchtanz können sich Mutter und Kind entspannen. Die enge körperliche und psychische Bindung wird verstärkt, die Mutter kann gewissermaßen schon eine Zeit mit ihrem Kind gemeinsam gestalten.

Auch Frauen, die erst in der Schwangerschaft mit dem Bauchtanz beginnen, können ihn als Schwangerschaftsgymnastik einsetzen. Voraussetzung ist nur, daß man sich zutraut, selbst einzuschätzen, wann man sich in einer Bewegung wohl fühlt und wann man sich eine Pause gönnen möchte.

Im Bauchtanz werden die für die Schwangerschaft und Geburt so wichtigen Bauch- und Rückenmuskeln und die Wirbelsäule gestärkt. Die sonst häufigen Beschwerden im Rücken werden ausgeglichen; die kräftigen Muskeln helfen, das Baby leichter zu tragen. Hilfen für die Geburt können das Erlernen der tiefen Bauchatmung, die Entspannungsfähigkeit im Beckenbereich, die Kräftigung und Beweglichkeit der Hüftgelenke und Beine und die Kräftigung des Beckenbodens sein. Im Bauchtanz sind alle für die Frau und damit für die Schwangerschaft und Geburt bedeutsamen Körperfunktionen angesprochen. Mütter und Hebammen haben mir bestätigt, daß viele Bewegungen des Bauchtanzes den Wehenbewegungen des Körpers bei der Geburt entsprechen. Es wird vermutet, daß Frauen ursprünglich wesentlich schmerzfreier geboren haben als heute. In den Tänzen der sogenannten »Naturvölker« sind Oberkörper und Becken Ansatzpunkt der Bewegung. Alle ursprünglichen, nicht überformten Tänze wie z. B. Afro, Samba und eben Bauchtanz weisen diese »natürlichen« Bewegungen auf. Tanz war ursprünglich wesentlicher Bestandteil des Lebens von Frauen. Kein Wunder, daß so »bewegte« und bewegliche Frauen leichter gebären konnten. Ebenso sicher ist es natürlich, daß eine Geburt nach einem zehnwöchigen Bauchtanzkurs nicht entscheidend anders verlaufen wird als ohne diesen Kurs. Ich glaube, daß die innere Einstellung zur Geburt und zur Frausein eine wichtige Rolle spielt. Wenn man schon sehr lange tanzt und durch den Tanz und die Auseinandersetzung damit seinen Körper und sich selbst kennt, die Stärken und Schwächen, Ängste und Freuden, dann ist es auch etwas leichter, all das Unbekannte, Mächtige und Gewaltige offen anzunehmen, mit dem man während der Geburt konfrontiert ist. Eine Geburt ist eben auch nicht »ästhetisch« schön, es geht nicht darum, »Haltung« zu bewahren und zu lächeln, sondern sich gehen zu lassen ohne Grenzen.

Nach der Geburt wird Bauchtanz für die meisten Frauen »doppelt wichtig«. Dabei ist die Funktion als »Rückbildungsgymnastik« weniger entscheidend als die Zeit, die man beim Tanz wieder einmal ganz für sich hat. Gerade nach der Geburt fühlen sich viele Frauen physisch und psychisch völlig vereinnahmt. Der Schlafentzug, das ständige »Horchen« und Reagieren auf die Bedürfnisse des Kindes und die einseitige Beugehaltung beim Stillen, Wickeln und Tragen bringen Körpererfahrungen, auf die kein Kursus vorbereiten kann. Ich habe schon oft im Gespräch mit Müttern dafür »plädiert«, daß in Geburtsvorbereitungskursen »Hanteltraining« angesetzt werden müßte. Niemand erzählt den schonungsbedürftigen Schwangeren, daß es nach der Geburt vor allem darum gehen wird, Kinderwagen, Taschen, Windeln und Einkäufe zu schleppen – einmal abgesehen von dem Baby.

Im Bauchtanz können sich Arme, Schultern und Rücken wieder zu ihrem eigenen »Vergnügen« bewegen. Bauchtanz lockert die Verspannungen und vermittelt das wohlige Gefühl, daß man auch selbst noch neben all den neuen Freuden und Anstrengungen lebendig ist.

Die Praxis – Entdeckungswege zum Bauchtanz

Bauchtanz durch ein Buch nach Beschreibungen zu lernen, ist bestimmt nicht leicht und verlangt noch mehr Geduld als das Kennenlernen der Bewegungen in einem Kurs. Ich habe jedoch versucht, dieses Kapitel so aufzubauen, daß es auch Frauen ohne Bewegungserfahrungen möglich ist, erste Versuche zu unternehmen. Am meisten Spaß macht es natürlich mit mehreren Frauen gemeinsam.

Gehen Sie möglichst langsam und Schritt für Schritt vor. Mit dem Lesen allein ist es nicht getan; nehmen Sie sich immer einige Bewegungsübungen zum Lockern und Aufwärmen des Körpers vor und versuchen dann, eine oder zwei Tanzbewegungen ganz zu verstehen und nachzuvollziehen. Probieren Sie erst dann weitere, wenn Sie die ersten sehr sicher beherrschen, nur so machen Sie sich die Übungen wirklich zu eigen; Überforderungen werden dadurch vermieden. Sie sind nicht frustriert und geben nicht so schnell auf. Beginnen Sie zunächst nur mit den Grundbewegungen, und überschlagen Sie die Variationen. Sobald Sie alle Grundbewegungen verstanden haben, werden Ihnen die Variationen weniger schwerfallen.

Die vorbereitenden Bewegungsübungen habe ich im Laufe meiner Zeit als Kursleiterin entwickelt, sie entstanden als Antworten auf die Probleme, die in den Kursen sichtbar wurden. Sie helfen, die fremden Bewegungen zu verstehen und im eigenen Körper aufzuspüren. Mit einem Pfeil → wird auf die am häufigsten auftretenden Fehler hingewiesen, kontrollieren Sie daraufhin immer wieder Ihre Bewegungen.

Dieses Buch kann eine Hilfe sein, sich mit den Bewegungen des Bauchtanzes vertraut zu machen, bevor Sie einen Kurs belegen. Kein Buch kann aber auf die Dauer einen Kurs ersetzen. Von daher habe ich auf die Beschreibung allzu komplizierter Bewegungen für Fortgeschrittene verzichtet und mehr Gewicht auf die genaue und ausführliche Einführung der Grundbewegungen gelegt.

Zum Schluß noch ein sehr wichtiger Rat: Bei allem, was Sie machen, setzen Sie niemals sportlichen Ehrgeiz und Leistungsdenken ein. Es geht darum, sich auf den *Ablauf* der Bewegungen des Körpers zu konzentrieren, nicht um das Absolvieren von Übungen oder das Erreichen eines Rekords, gleich welcher Art.

Also – genießen Sie Ihren Körper in der Bewegung, trimmen Sie ihn nicht!

Kleidung

Was ziehe ich an? Diese Frage ist schnell beantwortet. Die Kleidung sollte bequem und warm sein. Ich trage einen Gymnastikanzug oder ein T-Shirt mit einer Jogginghose oder einem weiten Rock, der auf die Hüfte gezogen wird; barfuß geht es ebenso gut wie mit Gymnastikschläppchen.

Ein unentbehrliches Requisit dazu ist ein Tuch oder ein langer Schal, den Sie um die Hüften schlingen. Tasten

Sie zunächst nach Ihren Hüftknochen, und binden Sie das Tuch darunter an einer Seite fest. Sie werden automatisch Ihre »Lieblingshüfte« nehmen, also den Knoten unter dem rechten oder linken Hüftknochen schlingen. Er sollte so fest sein, daß Sie durch das Tuch Ihre Hüften ständig spüren und so immer den richtigen Bewegungsansatz finden.

Die Frage nach dem »üblichen« Bauchtanzkostüm, also einem reich verzierten BH, Gürtel und geschlitzten Rock, stellt sich meiner Meinung nach zu Beginn noch nicht. Eine Anfängergruppe in Tüll gehüllt und reich mit Glitzer geschmückte Körperteile sind einfach unangebracht. Zuerst sollte es nur um das Aufspüren der Bewegung und des eigenen Tanzes gehen! Erst durch die Beschäftigung und Auseinandersetzung mit dem Bauchtanz kommt man dazu, sich zu fragen, was man tragen möchte. Der Tanz, die Bewegung sollte im Vordergrund stehen, nicht die äußere Erscheinung und Hülle der Frau.

Jede mag das übliche Kostüm nach eigenem Ermessen tragen, das Wissen darum, daß dies nichts mit dem ursprünglichen Bauchtanz zu tun hat, darf jedoch nicht ausgeschlossen oder negiert werden. Damit will ich keinesfalls gegen unsere eigene Freude am Schmücken des Körpers sprechen, sie sollte sich jedoch aus dem Tanz und uns selbst entwickeln.

Weiche Bewegungen lassen uns nach fließenden Stoffen suchen, die mitschwingen und den Tanz unterstreichen.

Jede Frau wird durch ihre Erfahrung mit dem Tanz das finden, was sie gerne trägt, und sie wird es vor allem mit Überzeugung tragen, weil sie sich mit ihrer Freude am Bauchtanz und ihrem Frausein auseinandersetzt.

Entspannen und locker werden

Jeder Mensch hat eine für ihn typische Körperspannung, die sich in seiner Haltung und seinen Bewegungen ausdrückt. Ein schlaffer, zusammengesunkener Körper ist spannungslos, übertriebene Spannung zeigt sich in hochgezogenen Schultern, eingezogenem Becken oder verkrampften Armen.

Eine natürliche Körperspannung liegt zwischen diesen Extremen, sie ist über den ganzen Körper gleichmäßig verteilt und stellt sich mit An- oder Entspannung auf die momentane Befindlichkeit des Menschen ein. Kinder verfügen noch über diese harmonische Spannung; sie können ihre Wut durch größte Anspannung des ganzen Körpers ausleben und der großen Anstrengung dabei körperliche und geistige Entspannung folgen lassen.

Über solch ein optimales Gleichgewicht der Spannung verfügt kaum noch ein erwachsener Mensch. In unseren Verspannungen, unserer Schlaffheit und Bewegungslosigkeit zeigen sich Konflikte, Erfahrungen und Gefühle, die wir nicht mit dem ganzen Körper verarbeitet haben. Im Bauchtanz ist ein Wissen um die Bedeutung der Spannungszustände im Körper aufgehoben. Das Prinzip der Bewegungen ist die »Isolation«, einzelne Körperteile werden unabhängig voneinander bewegt. Für die Isolation ist eine besondere Beherrschung der verschiedenen Körperspannungen erforderlich.

Soll sich zum Beispiel nur das Becken bewegen, der gesamte Körper aber ruhig bleiben, so kommt es zu sehr unterschiedlichen Spannungszuständen im Körper: Arme, Hals und Kopf sind locker, jedoch nicht schlaff, sondern in einem bequem ausgewogenen Spannungszustand, der Oberkörper dagegen wird leicht angespannt, um sich nicht mitzubewegen, die Hüfte schließlich wird von dem An- und Entspannungswechsel der Bewegung bestimmt.

Um die Isolationstechnik des Bauchtanzes zu erlernen, ist es zunächst notwendig, sich wieder mit dem ursprünglichen Spannungszustand des Körpers vertraut zu machen. Im Mittelpunkt steht zu Beginn meist das Auflösen von Verspannungen und Verkrampfungen, die Fähigkeit loszulassen, um von da aus bewußt Spannung und Entspannung verschiedener Körperteile herbeizuführen.

Alle folgenden Übungen lassen sich jederzeit ausführen, schon fünf Minuten täglich können »Wunder« bewirken. Das läßt sich nur nachprüfen, indem man es täglich ausprobiert!

Ausschütteln

Alle Körperteile werden hierbei nacheinander ausgeschüttelt.

Füße: Stellen Sie sich auf ein Bein, heben das andere kurz über dem Boden und schütteln den Fuß hin und her; versuchen Sie es so kräftig, daß Sie das Gefühl bekommen, der Fuß könne aus dem Gelenk fallen!

Unterschenkel: Hängen Sie das Bein in die gefalteten Hände und versuchen Sie durch vorsichtiges Schwenken die Wadenmuskulatur in Bewegung zu bringen.

Die Beine: Stützen Sie sich an einer Wand ab und schütteln die Beine abwechselnd, immer kräftiger, bis auch die Hüfte mitvibriert und der große Zeh zu »glühen« scheint.

Versuchen Sie dann, auf beiden Beinen mit gebeugten Knien stehend, Hüfte und Beine gleichzeitig zu schütteln. Dies ist eine Vorübung für den Schimmy, eine

Bauchtanzbewegung, bei der einzelne Körperteile vibrieren.

Tip: Um das Gefühl für diese Übung zu bekommen, verlagern Sie das Gewicht bei gebeugten Knien etwas nach vorn, bleiben mit den Fußballen fest auf dem Boden stehen und beginnen, nur mit den Fersen – der ganze Körper bleibt in der Ausgangshaltung – abwechselnd immer schneller auf den Boden zu stampfen; durch eine sehr kleine, schnelle Bewegung der Fersen beginnen Beine und Hüften zu zittern.

Dies ist allerdings nur ein Trick, um das Bewegungsgefühl zu entdecken, versuchen Sie es bald mit der ganzen Fußsohle auf dem Boden stehend, die Schüttelbewegung sollte aus der Bewegung des Beckens kommen.

Es geht weiter mit dem Ausschütteln der *Hände:* Heben Sie den Arm in Schulterhöhe angewinkelt vor, und schütteln Sie die Hand aus dem Handgelenk zunächst hin und her, dann hoch und runter. Lassen Sie die Hand locker kreisen, erst rechts, dann links herum.

Die Arme: Lassen Sie den Arm schwer und locker zur Seite herunterhängen und beginnen ihn zu schütteln, der Oberkörper neigt sich leicht mit zur Seite, auch die Schulter sollte mitgeschüttelt werden, versuchen Sie, den Arm »auf den Boden zu werfen«.

Schütteln Sie dann beide Arme gleichzeitig bei vorgebeugtem Oberkörper und hängendem Kopf nach unten aus, auch hierbei die Schultern nicht anspannen!

Richten Sie sich dann langsam auf, ohne mit dem Schütteln aufzuhören. Die Schultern werden immer schneller nach vorn geschüttelt, bis sie in sich vibrieren. Wenn Sie viel am Schreibtisch oder in gebeugter Haltung sitzen müssen, wird es Ihnen zunächst sehr schwerfallen; die nächste Übung hilft, die Schultern zu lockern.

Schwingen

In aufrechter Haltung schwingen Sie die Arme seitlich am Körper vor und zurück, wenn der rechte Arm vorschwingt, schwingt der linke zurück und umgekehrt. Lassen Sie Ihr Körpergewicht und die Erdanziehungskraft für Sie arbeiten, die Arme fallen schwer herunter und kommen durch diesen Schwung wieder hoch. Setzen Sie den ganzen Körper mit ein, die Knie beugen sich mit dem Schwung. Denken Sie an eine Schiffschaukel! Schwingen Sie die Arme dann auch vor dem Körper, die Arme kreuzen sich vorne und öffnen sich weit zur Seite. Arme und Schultern werden während des Schwingens immer lockerer. Sie können es feststellen, wenn Sie gleich darauf das Schulterschütteln probieren.

Nach dem Ausschütteln und Schwingen sollten alle Körperteile sehr warm und schwer sein, sie sind jetzt bestens durchblutet und auf Bewegung vorbereitet.

Hier noch eine Übung, mit der Sie Ihre Fähigkeit zum Loslassen erproben und testen können; sie ist gleichzeitig herrlich entspannend.

Passives Ausschütteln mit Partnerin

Das Schwierige ist hierbei, daß Sie absolut gar nichts tun sollen. Sie werden von Ihrer Partnerin bewegt.
Stehen Sie möglichst entspannt, und versuchen Sie, die Arme schwer herunterhängen zu lassen. Ihre Partnerin nimmt einen Arm und bewegt ihn, beugt und streckt ihn, hebt ihn hoch und senkt ihn, bringt ihn in alle erdenklichen Stellungen. Sie muß dabei ständig die Schwere Ihres Armes spüren, sobald Sie ihn anspannen, wird er leichter.
Wenn Ihr Arm wirklich locker ist, kann die Partnerin ihn plötzlich loslassen, er fällt sofort schwer und unkontrollierbar herunter.
Zwischendurch faßt die Partnerin das Handgelenk und schüttelt den Arm vorsichtig aus. Sie haben nach dieser Übung das Gefühl, der Arm wäre wesentlich länger und schwerer als der »unbehandelte«.

Anspannen – Entspannen

Legen Sie sich auf den Rücken.
○ Spannen Sie den ganzen Körper so stark wie möglich an, halten Sie die Spannung, und konzentrieren Sie sich auf das Körpergefühl.
○ Lassen Sie dann alle Spannung los, werden Sie sehr schwer, der ganze Körper scheint durch den Boden zu fallen.
○ Nun geht es zurück zur Anspannung; bauen Sie sie

jetzt jedoch sehr langsam auf, von völliger Entspannung bis zur größtmöglichen Anspannung.

○ Entspannen Sie sich wieder ebenso langsam, versuchen Sie, die Spannung im ganzen Körper gleichmäßig loszulassen.

○ Spannen Sie nun eine Hand an, und lassen Sie die Spannung dann in den Arm übergehen, weiter in den Schulterbereich, in den anderen Arm und die Hand, in den Brustkorb, in Bauch und Hüften, schließlich in Beine und Füße, halten Sie die Spannung eine Weile an.

○ Bauen Sie die Spannung dann rückwärts wieder ab, also zunächst die Füße, Beine usw.

○ Liegen Sie völlig entspannt, und suchen Sie durch langsame Anspannung die Körperspannung, die für Sie am bequemsten ist, in der Sie weder schlapp noch angespannt sind, sondern sich bereit fühlen, aufzustehen und große Taten zu vollbringen.

Die folgenden Übungen eignen sich für eine Entspannungsphase am Ende einer Übungsstunde.

Hochlegen der Beine

Setzen Sie sich ganz nah an eine Wand, legen Sie sich auf den Rücken, so daß die Beine im rechten Winkel an der Wand stehen. Lassen Sie Ihren Atem langsam ruhig werden, und rücken Sie nach einer Weile ein Stückchen von der Wand ab, so daß die Beine in eine Schräglage kommen. Bleiben Sie dort wieder für eine Zeit und rücken dann immer wieder etwas von der Wand ab, bis Sie ganz auf dem Rücken liegen. Heben Sie dann die Beine, und lassen Sie sie locker zurück über Ihren Kopf fallen, der Rücken wird hierbei gut gedehnt und entspannt. Schließlich knien Sie sich hin, setzen sich auf die Fersen und lassen den Oberkörper nach vorne sinken, der Kopf liegt auf dem Boden, die Arme sind an beiden Körperseiten locker zurückgelegt.

Ausschütteln am Boden mit Partnerin

Legen Sie sich auf den Rücken, die Partnerin nimmt nacheinander das rechte und linke Bein hoch, bewegt es vorsichtig in alle Richtungen, beugt und streckt es, faßt das Fußgelenk und schüttelt das ganze Bein kräftig aus, schließlich zieht sie es sehr lang, schiebt es zurück in die Hüfte, zieht es noch einmal und legt es sehr langsam ab. Das gleiche geschieht mit dem rechten und linken Arm.

Abstreichen des Rückens mit Partnerin

Stehen Sie mit gegrätschten Beinen, Oberkörper, Arme und Kopf hängen nach vorne herunter. Ihre Partnerin beginnt mit zwei Fingern, an beiden Seiten Ihrer Wirbelsäule mit etwas Druck entlangzustreichen, dann umkreist sie die einzelnen Wirbel vorsichtig.
Anschließend streicht sie mit beiden Handflächen und viel Kraft von der Wirbelsäule aus alle »Anstrengung« zur Seite weg. Die Handflächen werden rechts und links neben die Wirbelsäule gelegt und mit Druck zur Seite vom Körper abgezogen. Schließlich klopft sie noch mit allen Fingerspitzen Ihren Rücken ab und legt dann beide Handflächen auf den Lendenwirbelbereich, den unteren Rücken, und hebt Sie sehr langsam wieder hoch.

Wachsen, sich ausbreiten und den Raum füllen

Sich klein machen, sich zurückziehen und Platz machen, darin sind die meisten Frauen wesentlich geübter;

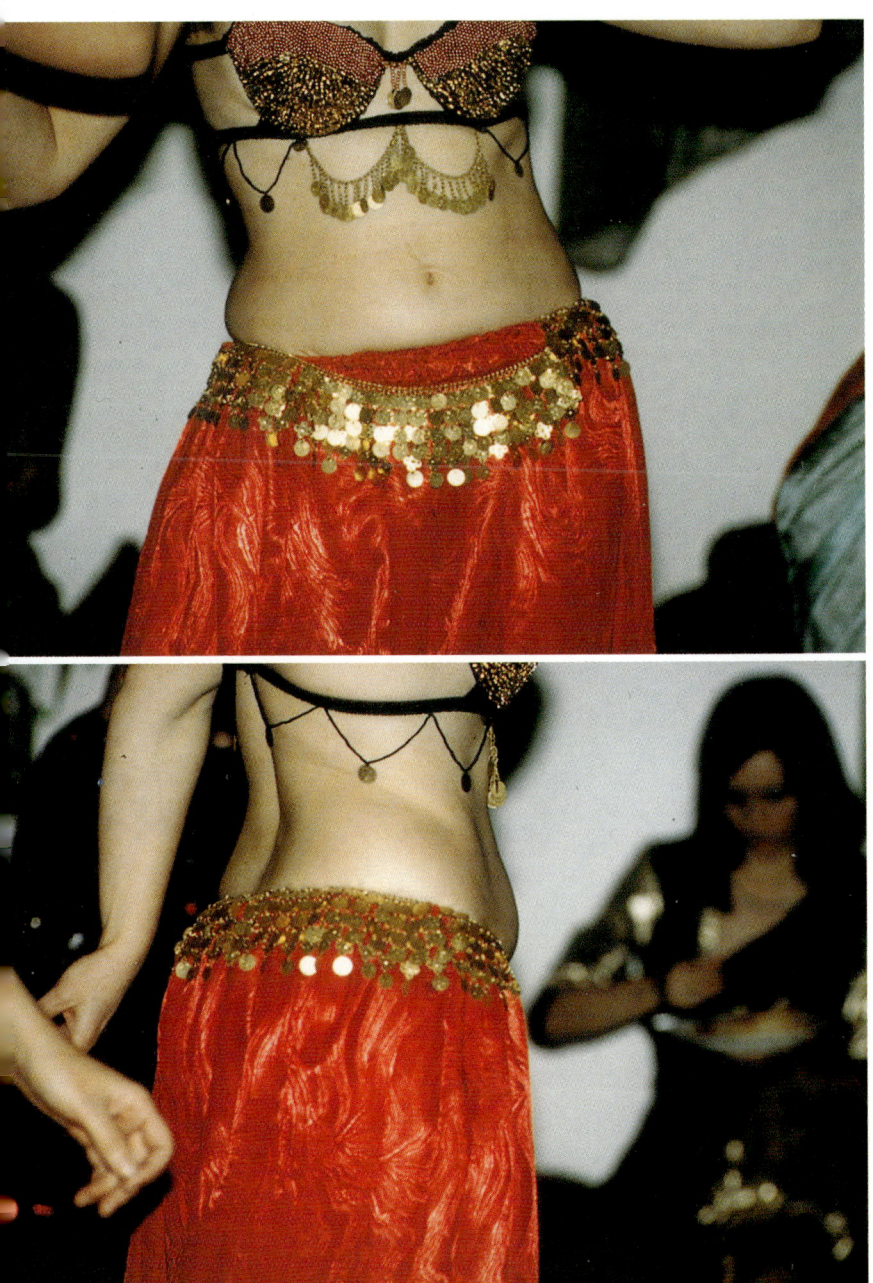

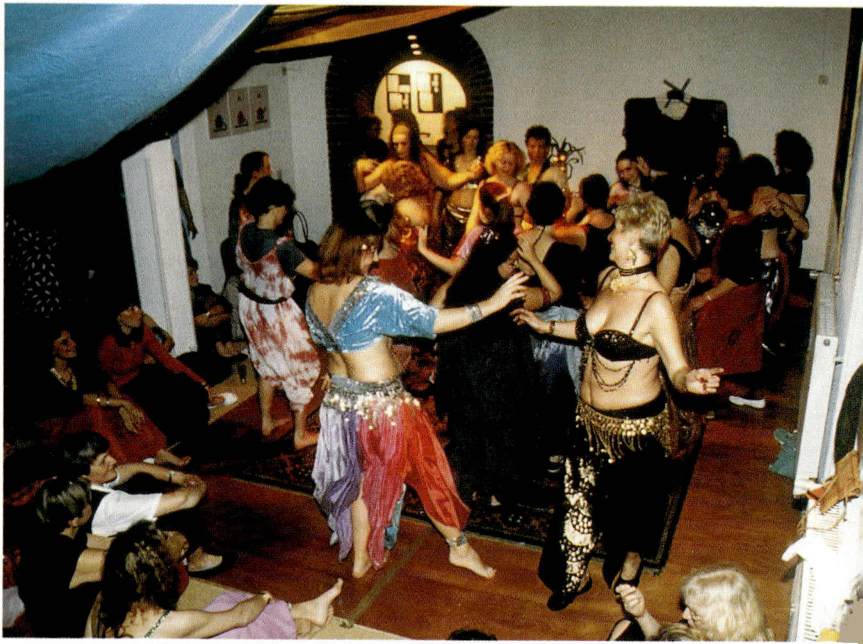

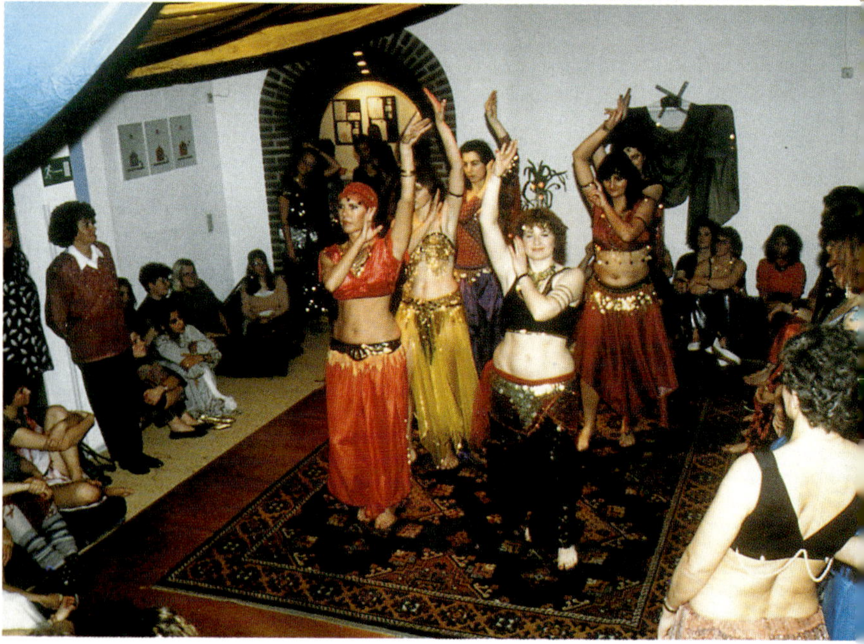

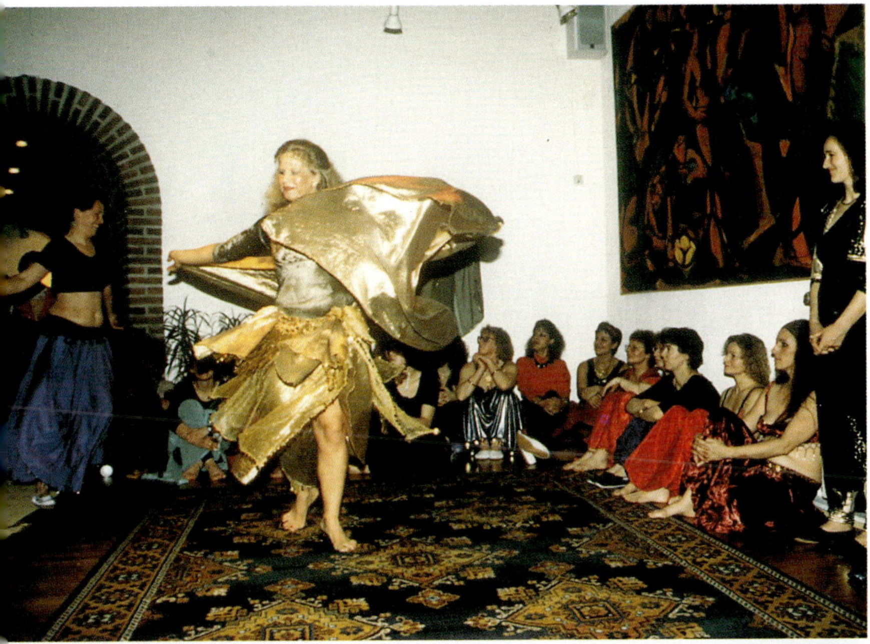

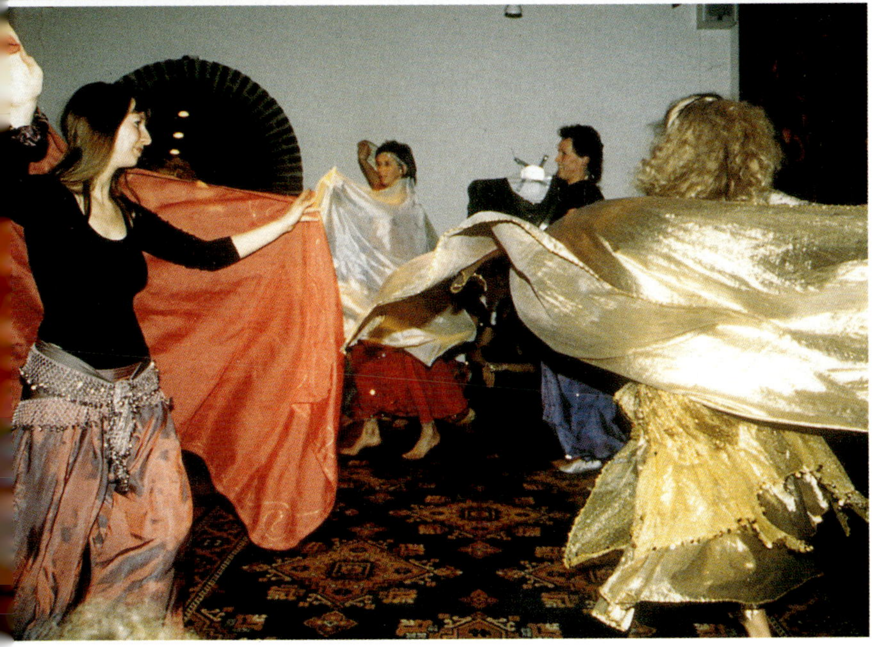

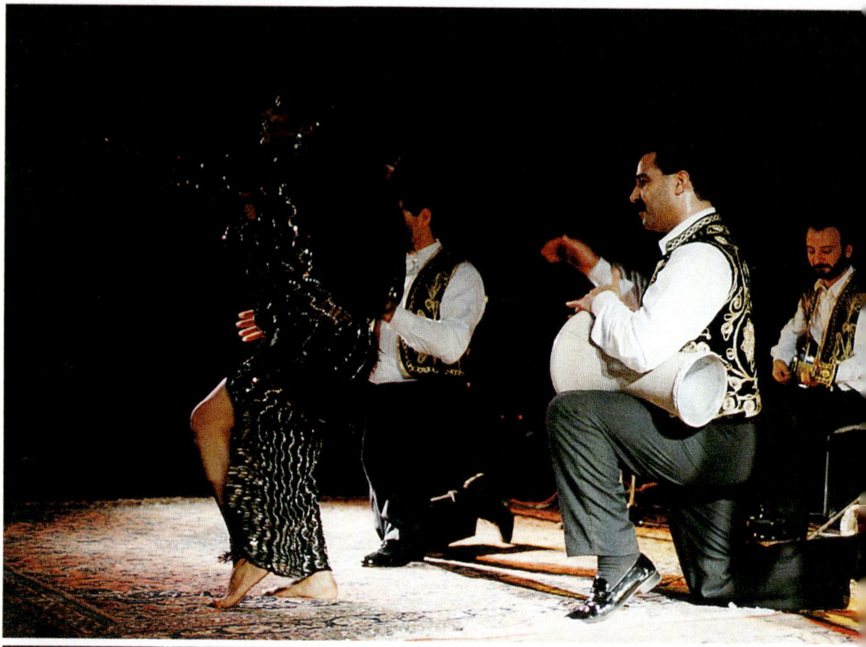

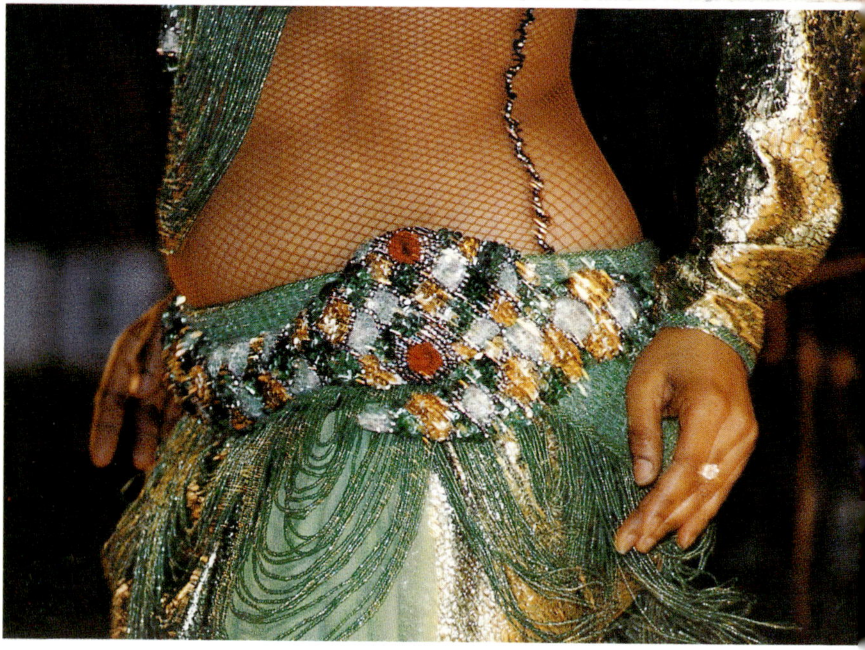

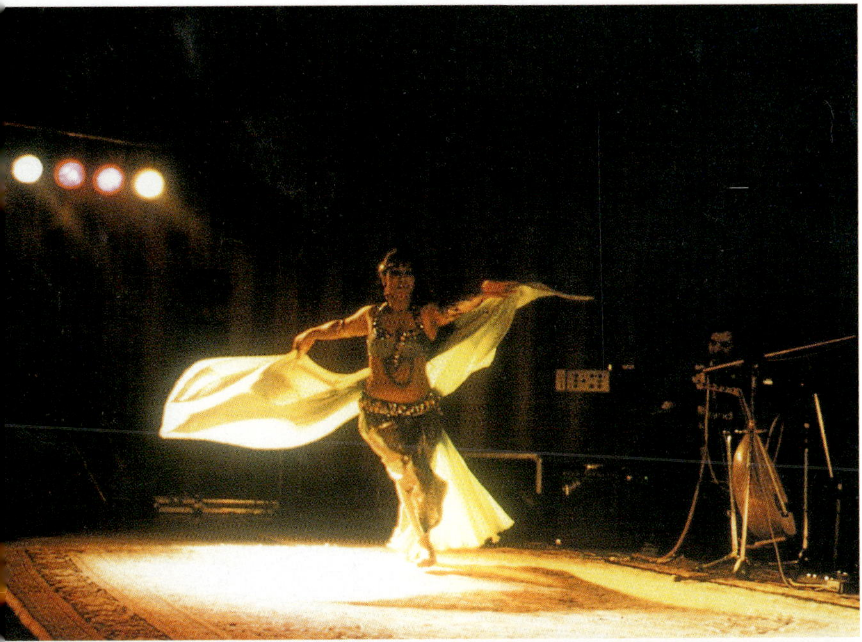

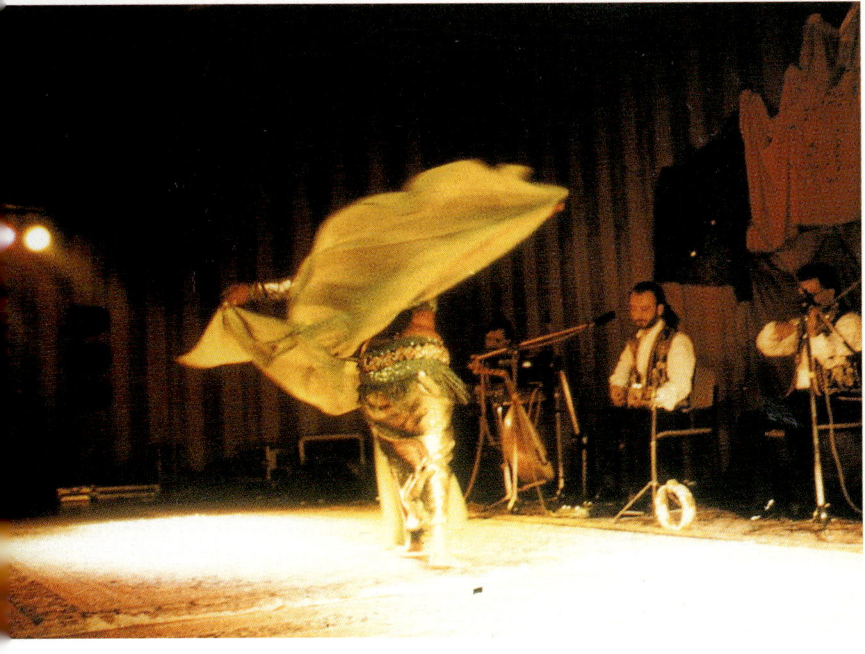

durch den Bauchtanz können Sie das verlernen. Viele
Frauen aus meinen Kursen berichten, daß sie schon auf
ihre veränderte Haltung angesprochen wurden. Bauchtanz kann größer und stärker machen, innerlich und äu-

ßerlich. Indem Sie Ihren Körper strecken und deutlich sichtbar machen, werden Sie auch innerlich stärker.

Ein ganz wesentliches Merkmal jeder Tänzerin ist ihre Haltung. Hochkomplizierte Hüftbewegungen sind eben nur hochkompliziert, wenn die Schultern hochgezogen sind und der Kopf sich dazwischen versteckt.

Versuchen Sie also immer, möglichst groß, breit und rund zu stehen. Eine Ballettänzerin, die auf den Fußspitzen steht, kann durch leichtes Antippen die Balance verlieren. Die Grundhaltung des Bauchtanzes sollte so schwer, stolz und sicher sein, daß es niemandem gelingen kann, Sie aus dem Gleichgewicht zu bringen. Sie sind in der Erde verwurzelt.

Gehen

Nach einer rhythmischen Musik gehen Sie durcheinander im Raum umher, versuchen jeden Punkt des Bodens einmal zu berühren und konzentrieren sich auf folgende Dinge:

○ Schultern und Arme sollten schwer nach unten fallen und leicht mitschwingen.

○ Der Kopf sitzt auf einem sehr langen Hals; schauen Sie mit den Augen nicht nur vor sich hin, sondern nehmen Sie wach die Umgebung wahr.

○ Gehen Sie mit dem »Bauch«; stellen Sie sich vor, in Ihrem Bauch sei ein Magnet, der in alle Richtungen zieht, Ihre Beine gehen nur mit, der Ansatz liegt im Bauch. Die Schritte sollen unvermerkt gesetzt werden, klein und ruhig; rollen Sie die Fersen gut ab, und bleiben Sie in den Knien locker.

Die Mitte finden

Mit geschlossenen Füßen und gestreckten Beinen spannen Sie den ganzen Körper an und legen sich vorsichtig etwas nach vorne und dann zurück, die Füße sind völlig im Boden verwachsen. Sie können sie nicht anheben! Schließen Sie die Augen, und stellen Sie sich vor, Sie würden im Wind langsam vor und zurück schwingen. Nach einer Weile versuchen Sie, mit dem gestreckten und angespannten Körper einen Kreis zu beschreiben. Legen Sie sich nach vorne, weiter zur Seite, nach hinten, zur anderen Seite und wieder vor. Lassen Sie diese Kreise dann langsam immer kleiner werden, bis sie das Gefühl haben, genau in der Mitte zu stehen.

Wachsen

Bleiben Sie in Ihrer »Mitte« stehen, die Füße sind jetzt hüftbreit auseinander. Stellen Sie sich vor, Sie würden von einem Seil von der Kopfmitte her hochgezogen, der Hals wird länger, der Brustkorb öffnet sich, das Becken steht gerade, ist weder nach vorne noch nach hinten gekippt.

→ Ziehen Sie die Schultern hierbei nicht hoch, sie hängen schwer und locker herunter.

→ Lassen Sie die Füße am Boden, Fußballen und Ferse sind gleichmäßig belastet.

→ Wachsen Sie nicht nur nach oben, sondern auch in den Boden. Ihr Bauchnabel ist der Mittelpunkt, von dort wächst Ihr Oberkörper zur Decke; Bauch, Hüften und Beine wachsen tief in den Boden.

Scheint es Ihnen zu viel für den Anfang und zu kompliziert? Es handelt sich um unsere ganz natürliche Körperhaltung!

Versuchen Sie, diese Stellung eine Weile beizubehalten,

und stellen Sie sich vor, die Erdachse würde durch Ihre Körpermitte verlaufen, um Sie dreht sich die ganze Welt; die Achse geht durch Ihren Kopf, den Hals, an Ihrer Wirbelsäule entlang und kommt zwischen Ihren Beinen wieder heraus, eine ungeheure Kraft läßt Sie wachsen und gerade werden.

Bleiben Sie so groß, und werden Sie noch größer, während Sie die Knie leicht beugen, jedoch niemals so weit, daß sich Ihre Fersen vom Boden lösen. Versuchen Sie eine möglichst bequeme Position zu finden.

Das gleichzeitige Kniebeugen und Wachsen kann durch eine Armbewegung unterstützt werden.

Beugen Sie die Knie und heben dabei die Arme weit über die Seite gestreckt nach oben. Werden Sie dabei so breit wie nur eben möglich, ziehen Sie sich auseinander, als wollten Sie den ganzen Raum mit Ihrem Körper ausfüllen (einatmen).

Beim langsamen Strecken der Knie drehen Sie über dem Kopf die Handflächen nach innen und führen sie vor dem Körper nach unten, als ob Sie eine schwere Säule in den Boden drücken würden, wachsen Sie über Ihren Körper hinaus (ausatmen).

→ Führen Sie alle Bewegungen sehr langsam aus, versuchen Sie den Bewegungsfluß nicht zu unterbrechen, bewegen Sie sich ständig weiter, ruhig und gleichmäßig, stehen Sie tief verwurzelt in der Erde.

Die Hüfte und den Bauch spüren

Der Bewegungsansatz des Bauchtanzes liegt – wie der Name schon sagt – im Bauch und im gesamten Hüftbereich. Das unterscheidet ihn von allen uns geläufigen Tänzen; es geht in der Tanzstunde zum Beispiel in erster

Linie um das Setzen der Füße, um die Schritte, ähnlich wie beim Volkstanz oder in gewisser Weise auch im klassischen Ballett.

Im Bauchtanz dagegen gehen alle Bewegungen von Ihrer Mitte aus, Sie brauchen nicht viel Platz, nur die Beweglichkeit Ihres Körpers.

Versuchen Sie, sich mit den folgenden Übungen auf Bauch und Hüften zu konzentrieren und dabei alle »Kopflastigkeit« in den Bauch zu verlegen. In der Schwangerschaftsgymnastik lernen viele Frauen zum ersten Mal, Hüfte und Bauch zu bewegen und wahrzunehmen. Diese Gymnastik wird heute zur Geburt benötigt, weil sonst diese Körperteile einfach nicht beachtet werden und nicht in vollem Maße zum Leben dazugehören.

Ich meine, daß wir unserem Bauch auch ohne momentane Schwangerschaft einen Platz in unserem Leben einräumen sollten. Falls Sie es noch nicht getan haben, können Ihnen die folgenden Übungen helfen, Ihren Bauch zu entdecken.

Alle Übungen sollten nach Möglichkeit in der beschriebenen Reihenfolge absolviert und möglichst ausdauernd wiederholt werden. Weil es so gut tut, nimmt man sich gerne viel Zeit und eine ruhige Musik zur Untermalung. Die Übungen sind nicht anstrengend, aber dennoch sehr wirkungsvoll. Meine Schülerinnen staunen immer wieder, daß man mit »so wenig« Bewegung so viel bewirken kann. Das Programm sorgt für eine hervorragende Entspannung und Durchblutung des Beckenbereichs, versuchen Sie es selbst!

Die Ausgangsposition

1. Ausgangsposition

Setzen Sie sich in den Schneidersitz (Decke oder Teppich als Unterlage), ziehen Sie die Füße nur so weit zu sich heran, daß der Rücken ganz gerade aufgerichtet ist. Lassen Sie die Handgelenke über die Knie hängen.

○ Versuchen Sie die Knochen zu spüren, auf denen Sie sitzen, schaukeln Sie mit dem ganzen Körper sanft nach rechts und links, so daß Sie einmal nur auf dem rechten und dann wieder nur auf dem linken »Sitzhöcker« sitzen.

○ Konzentrieren Sie sich ganz auf Ihre Hüfte und versuchen Sie im Sitzen zu »twisten«, also abwechselnd die rechte und linke Hüfte nach vorn bzw. zurück zu schieben, Schultern und Oberkörper sollten ganz ruhig bleiben. Es ist besser, die Bewegung kleiner, aber dafür wirklich ganz isoliert nur mit der Hüfte auszuführen. Man sieht es kaum!

○ Drehen Sie den Oberkörper nach rechts, die rechte Hand stützt sich hinten ab, nun kommt die Hüfte

nach vorn, es geht in Richtung »Hohlkreuz«. Stellen
Sie sich vor, der Bauchnabel schiebt sich nach vorn.
Gleichzeitig wird diese Bewegung durch den linken
Arm unterstützt. Die Hand schiebt etwas von unten
nach vorn weg. Sobald die Hüfte ganz vorgestreckt
ist, stellt man sich vor, der Bauchnabel ziehe sich
langsam ganz zurück, die Hüfte »knickt ein« und fällt
nach hinten. Gleichzeitig kommt auch der Arm über
Oben zum Körper zurück und die Bewegung beginnt
von neuem. Hüfte und Arm beschreiben so einen
Kreis. Den gleichen Bewegungsablauf wiederholt
man nach einer Zeit dann auch zur linken Seite, dabei
wird der rechte Arm aktiv, und schließlich noch nach
vorne, dann führen beide Arme gleichzeitig die Kreis-
bewegung von »Wegdrücken und Zurückholen« aus.

Es geht mit der gleichen Hüftbewegung von Vor- und
Zurückschaukeln weiter. Drehen Sie den Oberkörper
nach rechts und strecken dann die Hüfte wieder vor
(Bauchnabel kommt raus). Stützen Sie sich mit beiden
Händen am Boden ab und schaukeln dann wieder zu-

rück, bis der Bauchnabel ganz im Körper »verschwunden« ist, die Arme balancieren aus. Lassen Sie die Bewegung gleichmäßig und langsam fließen.

○ Jetzt wird die Bewegung noch schwungvoller, setzen Sie ein Bein vorn auf, heben Sie die Hüfte beim »Vorschaukeln« vom Boden. Dieses Aufrichten soll aber nur aus der Kippbewegung des Beckens kommen, beim Vorschieben der Hüfte nehmen Sie Schwung und spüren die Kraft in Ihrem Becken.

○ Heben Sie beide Arme, und strecken Sie den Rücken ganz lang nach oben. Beugen Sie dann den Oberkörper nach rechts, bis Sie sich mit der rechten Hand abstützen können. Soweit es die Beweglichkeit erlaubt, können Sie sich auf den gesamten Unterarm stützen. Wichtig: Der linke Arm darf nicht nach vorn fallen, er streckt sich über das Ohr. Richten Sie sich wieder in die Anfangsposition auf. Wiederholen Sie die Übung 8x nach rechts, 8x nach links und schließlich 8x abwechselnd nach links und rechts.

2. Ausgangsposition

Nehmen Sie im Grätschsitz die Beine nur so weit auseinander, daß es bequem ist und Sie den Rücken gestreckt halten können. Falls das noch nicht so gut geht, kann man die Beine auch anwinkeln und die Fersen auf den Boden aufsetzen, denn es geht nicht darum, Spagat zu erlernen, sondern die Hüfte zu spüren und zu bewegen.

○ Wieder dreht sich der Oberkörper nach rechts, die Hüfte schaukelt vor und zurück (Bauchnabel kommt raus und sinkt ein). Der linke Arm unterstützt die Bewegung wieder durch Wegdrücken und Zurückholen. Im Grätschsitz muß man sich sehr darauf konzentrieren, daß die Bewegung aus der Hüfte kommt, nicht aus den Armen. Bleiben Sie auf beiden »Sitzhöckern« sitzen. Wiederholen Sie die Übung auch zur anderen Seite und mit beiden Armen gleichzeitig nach vorn in die Mitte.

○ Stützen Sie sich mit beiden Händen hinten ab, halten Sie den Rücken gestreckt und beugen Sie die Knie (die Fersen bleiben dabei am Boden), beugen Sie gleichzeitig auch die Fußgelenke, indem Sie die Fußspitze hochziehen, dann strecken Sie die Beine wieder.

○ Drehen Sie die Beine aus dem Hüftgelenk langsam nach innen und außen. Die Füße sind dabei gebeugt.

○ Schließen Sie die Beine und ziehen Sie sie mit geschlossenen (aneinandergelegten) Fußsohlen zu sich heran. Strecken Sie die Beine langsam nach vorn, die Fußsohlen sollten möglichst lange geschlossen bleiben. Sobald die Beine und Füße ganz nach vorn ausgestreckt sind, beginnen Sie sie wieder anzuziehen, dabei sind die Fußsohlen nach außen hin geöffnet, die Fersen bleiben beieinander. Wiederholen Sie das Ausstrecken mit geschlossenen Fußsohlen und das Anziehen mit geöffneten Fußsohlen einige Zeit. Der Rücken sollte die ganze Zeit gestreckt bleiben.

3. Ausgangsposition

Legen Sie sich entspannt auf den Boden, breiten Sie die Arme zur Seite aus, stellen Sie die Füße in hüftbreitem Abstand mit bequem angewinkelten Beinen auf.

o Ziehen Sie das rechte Bein angewinkelt zum Bauch, strecken Sie es nach vorn über den Boden, ohne ihn zu berühren, ziehen Sie das Bein wieder gebeugt zum Bauch und stellen es dann in die Ausgangsposition zurück. Wiederholen Sie diesen Bewegungsablauf (anziehen, strecken, anziehen, aufstellen) abwechselnd mit dem rechten und linken Bein.

○ Liegen Sie nun mit gestreckten Beinen. Schwingen Sie das rechte Bein gestreckt hoch, kreuzen Sie es gebeugt über das linke Bein, strecken Sie es wieder hoch und führen es langsam zurück in die Ausgangsposition. Auch diese Bewegung im Wechsel mit beiden Beinen ausführen.

4. Ausgangsposition

Sitzen Sie mit gestrecktem Rücken, die Beine so weit wie
möglich gestreckt, die Arme in Schulterhöhe vorn gehalten.

o Strecken Sie sich mit einem ganz langen Rücken nach
vorn, die Arme heben sich, so daß sie eine Verlängerung des Rückens bilden (mein Tip: Oberarme an die
Ohren). Fallen Sie dann entspannt nach vorn zusammen, die Arme sind angewinkelt, die Handflächen
zeigen nach oben. Ziehen Sie den Bauchnabel immer
weiter ein, das Gewicht verlagert sich mit rundem
Rücken nach hinten, die Arme strecken sich wieder
nach vorn. Gehen Sie schließlich zurück in die Ausgangsposition und beginnen Sie von neuem mit dem
Bewegungsablauf: gerade sitzen, vorstrecken, zusam-
menfallen, nach hinten verlagern, gerade sitzen ...

5. Ausgangsposition

Liegen Sie entspannt mit zur Seite ausgebreiteten Armen und locker zum Bauch gezogenen Knien auf dem Boden.

○ Lassen Sie die Unterschenkel zunächst etwas auf und ab wippen und dann locker rechts und links schwingen, vergrößern Sie den Schwung, bis die Unterschenkel einen Kreis beschreiben.

○ Heben Sie die Unterschenkel so weit an, daß bei gebeugten Fußgelenken die Fußsohlen »zur Decke zeigen«. Strecken Sie die Beine langsam nach oben und beugen und strecken Sie dabei die Füße. Nach einigen Wiederholungen kreisen Sie bei der Auf- und Abbewegung der Beine die Füße erst einige Male nach innen, dann auch nach außen.

Abschluß

Entspannen Sie sich in der sogenannten »Embryonal-Stellung«. Knien Sie sich auf den Boden, setzen sich auf die Fersen, beugen sich vor und legen den Kopf auf den Boden. Die Arme liegen entspannt rechts und links am Körper, die Handflächen zeigen nach oben.

Die »Strahler«-Übung

Stehen Sie mit leicht gebeugten Knien im Raum. Stellen Sie sich vor, es sei völlig dunkel, nur in Ihrem Bauch befindet sich ein großer Strahler, er füllt Ihren ganzen Unterleib aus und erwärmt ihn. Beginnen Sie langsam, mit Ihrem »Strahler« den Raum auszuleuchten, alle Wände, Ecken, die Decke, den Boden, alle Gegenstände im Raum. Ihre Hüfte bewegt sich dabei eigenständig. Wenn Sie bei manchen Bauchtanzbewegungen Schwierigkeiten mit dem Bewegungsansatz haben, denken Sie immer an Ihren »Strahler«, dann bewegt sich zuerst die Hüfte. Der Strahler kann sich auch seitlich auf der rechten oder linken Hüfte befinden.

Alte Muskeln neu entdecken und stärken

Durch den Bauchtanz können Sie Muskeln spüren, deren Existenz Sie nie erahnt haben. Oft geschieht es in Form von Muskelkater, aber immer gleichzeitig durch neue Bewegungserfahrungen. Während des Bauchtanzes werden alle Muskelgruppen gestärkt. Sie können sie nach Bedarf durch einige gymnastische Übungen weiter kräftigen. Vor allem die Frauen, die sich bisher wenig bewegt haben, sind diese Übungen wichtig. Machen Sie

sie mäßig, aber regelmäßig, dann kommen sie Ihnen während des Tanzes sehr zugute.

Entspannen

Legen Sie sich entspannt auf den Rücken und ziehen Sie dann die Füße zu sich heran. Heben Sie den Kopf und sehen auf Ihre Fußspitzen, spüren Sie dabei, daß Ihre Wirbelsäule flach auf dem Boden aufliegt; das sonst häufige Hohlkreuz ist weggedrückt.

Anspannung der Rückenmuskulatur

Bleiben Sie in Rückenlage, und stellen Sie die Füße in hüftbreitem Abstand auf. Sie legen die Hände auf die Oberschenkel und lassen sie daran hochwandern, bis

der Oberkörper sich aufrichtet und Sie mit angezogenen Beinen sitzen. Umfassen Sie die Unterschenkel mit den Händen, und ziehen Sie den Rücken sehr gerade und lang, spüren Sie dabei die Anspannung der Rückenmuskulatur. Halten Sie die Spannung, und lösen Sie zunächst eine Hand und strecken Sie den Arm nach vorne, dann auch die andere.

→ Achten Sie darauf, daß Sie die Rückenspannung halten, sinken Sie nicht zusammen.

Dann rollen Sie den Rücken wieder zum Boden ab; machen Sie ihn sehr rund, und lassen Sie sich hinabgleiten, nicht fallen!

Legen Sie sich auf den Bauch und heben Sie abwechselnd den rechten und linken Arm, dann das rechte und linke Bein, weiter gleichzeitig den rechten Arm und das linke Bein sowie den linken Arm und das rechte Bein.

Stützen Sie sich dann auf die Ellenbogen, konzentrieren Sie sich auf die Rückenspannung, und heben Sie den rechten und dazu anschließend den linken Arm nach vorne.

→ Die Füße bleiben am Boden liegen;

→ Versuchen Sie den Oberkörper aufrecht zu halten, lassen Sie ihn nicht fallen.

Stärkung der Bauchmuskulatur

Legen Sie sich auf den Rücken und ziehen Sie die Knie an den Bauch heran. Dann legen Sie die Knie auf die rechte Seite ab, bringen sie wieder nach oben und senken sie nach links.

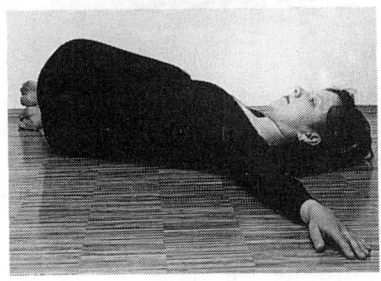 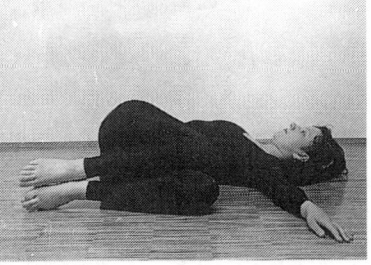

→ Versuchen Sie, die Schultern möglichst wenig vom
   Boden zu heben;

→ die Füße berühren nicht den Boden.

Anspannung des gesamten Körpers

Knien Sie sich hin, und spannen Sie den ganzen Körper
an, halten Sie diese Spannung, und legen Sie sich mit gestrecktem Körper zurück und kommen Sie wieder hoch.

→ Stellen Sie sich vor, Sie wiegen sich im Wind, atmen
   Sie ruhig.

→ Beugen Sie den Oberkörper nicht zurück, der Rücken
   bleibt gestreckt, der Kopf bleibt vorne.

Beckenkippen

Setzen Sie sich auf die Fersen und heben Sie dann die
Hüfte leicht an, aber nur so viel, daß Sie die Fersen noch
berühren, kippen Sie dann das Becken mit kleinen Bewegungen vor und zurück. Zwischendurch setzen Sie
sich wieder und ruhen sich aus.

Anspannung von Hüften und Beinen

Aus dem Kniestand setzen Sie sich abwechselnd rechts und links neben Ihre Fersen.

→ Versuchen Sie, eine gute Spannung in Hüften und Beinen zu halten, das Hinsetzen sollte kein Fallenlassen, sondern ein Hinabgleiten sein.

Alle Übungen helfen Ihnen, die Bodenbewegungen des Bauchtanzes, die viel Kraft erfordern, leicht und geschmeidig zu bewältigen.

Beweglich und weich werden

Geschmeidigkeit – eine weitere wichtige Voraussetzung für den Bauchtanz. Die meisten Grundbewegungen sind nicht schwer durchzuführen, weich, rund, groß und leicht werden sie jedoch erst mit der Zeit durch das regelmäßige Üben.

Folgende Übungen können Ihre Fortschritte unterstützen:

Die Beweglichkeit der Schultern

○ Ziehen Sie die Schultern erst weit nach vorne, dann nach oben (einatmen) und schließlich sehr tief zurück. Führen Sie die Bewegung sehr langsam mit der größtmöglichen Bewegungsweite aus.

o Kreisen Sie die Schultern abwechselnd rechts und links, die Arme werden seitlich völlig ruhig gehalten. Sie können sich zunächst mit den Fingerspitzen an einer Wand abstützen.

o Halten Sie die Arme ungefähr auf Schulterhöhe zur Seite, versuchen Sie dann, die Schulterblätter hinten zusammenzuziehen und wieder locker zu lassen.

o Falten Sie die Hände, drehen Sie sie nach außen und strecken Sie die Arme über den Kopf weit nach oben. Ziehen Sie dann die Schultern herunter, die Arme bleiben dabei völlig gestreckt, lösen Sie die Hände und führen Sie die Arme langsam über die Seite nach unten (ausatmen). Entscheidend bei dieser Übung ist, daß

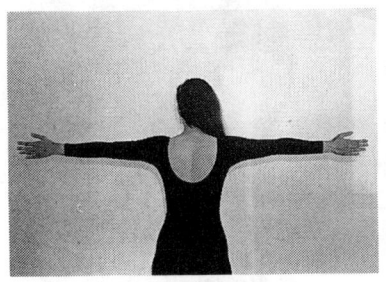 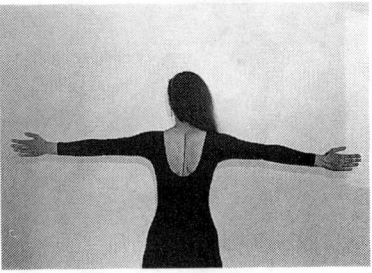

→ Sie die Fingerspitzen beim Herunterführen der Arme zu sich hinziehen,

→ Sie die Handgelenke nach außen drücken,

→ die Arme völlig durchgestreckt bleiben,

→ die Schultern ständig heruntergezogen werden.

Diese Übung eignet sich hervorragend zum Wachwerden und Strecken, sie kann Sie morgens schnell in Schwung bringen.

Die Beweglichkeit Ihrer Schultern ist ausschlaggebend für die Qualität der Armbewegungen. Sie werden immer aus den Schultern eingeleitet und wirken dadurch

weich und leicht. Gleichzeitig stärken die Übungen Ihre
Brustmuskulatur und sorgen für eine gute Haltung.

Die Beweglichkeit der Wirbelsäule

○ Drehen Sie Ihren Oberkörper im Stehen abwechselnd
  nach rechts und links, die Arme schwingen locker
  mit, sie fallen, sobald sie die optimale Drehung erreicht haben, am Körper herab und schwingen zusammen mit dem Oberkörper wieder in die andere
  Richtung.

 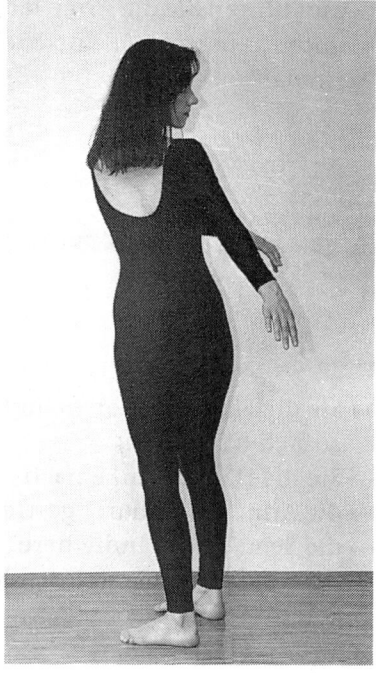

o Falten Sie die Hände hinter dem Körper, beugen Sie
  sich leicht zurück und führen Sie die Arme in einem
  weiten Bogen über den Kopf nach vorne, die Hände
  lösen sich und fallen locker herunter. Sie richten sich
  langsam auf, falten die Hände wieder auf dem Rük-
  ken und wiederholen die Übung.

Seien Sie sehr vorsichtig und langsam bei der Durchfüh-
rung der Übung. Wichtig ist nicht, wie tief Sie sich zu-
rückbeugen können, sondern wie langsam und gleichmäßig Sie sich bewegen. Konzentrieren Sie sich auf die
Bewegung der Wirbelsäule, versuchen Sie es sich bei
dieser Übung »bequem« zu machen und sie möglichst
oft und flüssig zu wiederholen.

o Heben Sie im Kniestand einen Wirbel nach dem anderen von unten her an, bis Sie einen »Katzenbuckel«

machen. Versuchen Sie, jeden Wirbel zu spüren, eine Partnerin kann Ihnen helfen, indem sie mit ihren Fingern auf den Wirbeln »entlangläuft«, während Sie die Wirbel anheben. Haben Sie den Katzenbuckel, die höchste Krümmung, erreicht, senken sich die Wirbel wieder. Jetzt beginnen Sie oben mit den Nackenwirbeln bis hinunter zum Lendenwirbelbereich. Ihr Rücken hängt dann durch.

○ Ziehen Sie Ihren Oberkörper im Stehen mit gegrätschten Beinen weit nach vorne in die Waagerechte, Rücken und Arme bilden eine Linie. Fallen Sie aus dieser Streckung zusammen, richten Sie sich mit hochgestreckten Armen auf, senken Sie sie wieder und beginnen Sie, die Übung zu wiederholen.

Dann beugen Sie die Knie, drücken den Rücken weit nach hinten, kippen das Becken gleichzeitig vor und bilden zusammen mit den Armen eine Rundung.

Sie richten sich wieder auf, drücken dann den Bauch und den Brustkorb vor, klappen die Hüfte zurück und versuchen, eine Rundung nach hinten zu bilden, indem Sie die Ellenbogen weit zurückziehen, ohne jedoch die Schultern hochzuziehen.

Richten Sie sich wieder auf und wiederholen Sie auch diesen Teil der Übung. Sie ist nicht ganz leicht zu verstehen und auszuführen, aber sehr wohltuend für die Wirbelsäule.

Die Bauchtanz-
bewegungen

Die Grundhaltung

Alle Übungen, die bisher gezeigt wurden, sollen Ihnen
helfen, ein Gefühl für die richtige Grundhaltung zu bekommen. Haben Sie diese Stellungen erst vollkommen
in sich aufgenommen, ist schon mehr als die Hälfte ge-
schafft.
○ Die Füße stehen ungefähr hüftbreit auseinander fest
   auf dem Boden. Die Fußspitzen sind geradeaus gerichtet.

○ Konzentrieren Sie sich auf das Gefühl, die Erdachse verlaufe durch Ihren Körper.

○ Beugen Sie die Knie ein wenig, ohne jedoch die aufrechte Haltung des Körpers zu verändern.

○ Strecken Sie den Oberkörper leicht angespannt vom Bauchnabel aus nach oben, stellen Sie sich in Ihrer Brust eine große »Sonne« vor; versuchen Sie, den Brustkorb zu öffnen und aus sich heraus zu »strahlen«.

○ Lassen Sie vom Bauchnabel aus die Hüfte schwer und locker nach unten fallen. Stellen Sie sich vor, Ihre Hüfte wäre eine Kugel, die an einem Faden aufgehängt ist, sie fällt weder ins Hohlkreuz zurück, noch steht sie nach vorne.

○ Auch die Schultern hängen tief herab, der Kopf ist stolz aufgerichtet.

○ Ihr Blick ist offen, nehmen Sie wahr, was um Sie herum geschieht, seien Sie nicht nur mit sich selbst beschäftigt. Bauchtanz ist vor allem ein Gemeinschaftstanz, ein unbeteiligtes Gesicht macht jeden Tanz zu einer gymnastischen Übung. Die ganze Frau ist gefragt!

○ Eine schöne Grundhaltung der Arme ist die Betonung des Bauchnabels. Legen Sie die Daumen in Ihren »Nabel der Welt«, und breiten Sie die Finger wie einen Fächer auf Ihrem Bauch aus. Zeigen Sie darin Ihren ganzen Stolz, eine Frau zu sein. Die Ellenbogen sind weit vom Körper weggestreckt, füllen Sie den ganzen Raum mit Ihrem Körper!

Fühlen Sie sich groß – stolz – sicher – offen – weiblich? Bei den ersten Grundbewegungen sollten die Füße immer am Boden bleiben. Sie sind in der Erde verwurzelt! Vergessen Sie bei aller inneren und äußeren Größe nicht, die Knie leicht gebeugt zu halten. Diese beiden Punkte sollen Ihnen helfen, nicht zuerst die Beine, sondern die Hüfte zu bewegen.

Um den Oberkörper möglichst bewegungslos zu halten, können Sie sich zu Beginn an einem Stuhl oder der Wand abstützen. Versuchen Sie, den Oberkörper leicht anzuspannen, denken Sie sich einen Punkt in der Mitte Ihres Brustkorbs, der Sie »zusammenhält«.
Alle Grundbewegungen beginnen in der Grundhaltung, vergegenwärtigen Sie sich diese immer wieder zwischendurch.

Hüftschieben

Schieben Sie die Hüfte auf einer völlig geraden Ebene abwechselnd zur rechten und linken Seite. Das Körpergewicht verlagert sich dabei jeweils auf den rechten oder linken Fuß.
→ Der Kopf bleibt auf gleicher Höhe;
→ die Fersen bleiben am Boden;
→ die Knie bleiben gebeugt;
→ die Hüfte bewegt sich nur zur Seite, nicht nach oben!

In meinen Kursen wird diese Bewegung sehr treffend als »Bügeleisen« bezeichnet. Gewöhnen Sie sich langsam nach einer ruhigen Musik an diese Bewegung, lassen Sie sich sanft hin- und herschieben. Üben Sie so lange, bis Sie nicht mehr an die Bewegung denken, sie kommt »wie von selbst« aus Ihrer Mitte.

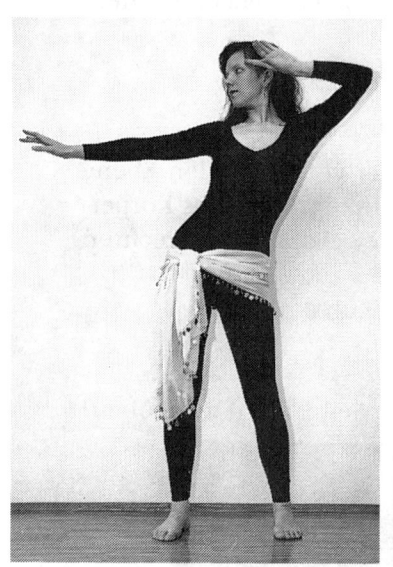 

Variationen zum Hüftschieben:
Bevor Sie diese Übungen ausprobieren, versuchen Sie, erst die anderen Grundbewegungen in sich aufzunehmen.

○ Gehen Sie während des Hüftschiebens seitwärts; Sie setzen den rechten Fuß zur Seite, gleichzeitig schieben Sie die Hüfte weit nach rechts. Dann setzen Sie den linken Fuß an den rechten und schieben dabei die Hüfte langsam auf die linke Seite. Beginnen Sie wieder mit dem Schritt rechts zur Seite usw.

Mit den Armen können Sie zum Beispiel Armwellen
zur Seite ausführen: Der rechte Arm wird während
des Seitwärtsschrittes mit dem Handgelenk nach außen gedrückt, beim Heransetzen des linken Fußes
wieder zurückgezogen, der linke Arm bleibt an der
Schläfe gehalten (Armwelle, siehe Seite 135).

→ Die Knie bleiben während der Seitwärtsbewegung
  gut gebeugt;

→ die Hüfte bleibt auf gleicher Höhe, lassen Sie sie
  nicht nach oben ausweichen, nur zur Seite gleiten;

→ wippen Sie nicht mit dem ganzen Körper auf und ab,
  der Kopf bleibt auf gleicher Höhe.

O Führen Sie während des Hüftschiebens das Armkreuzen vor dem Körper aus: Während Sie die Hüfte nach
  rechts schieben, kreuzen Sie die rechte Hand vor der
  linken, während Sie die Hüfte zur linken Seite schieben, kreuzen Sie die linke Hand von der rechten
  (Armkreuzen siehe Seite 140).

Große Hüftkreise

Schieben Sie das Becken weit nach rechts, so daß sich schließlich der Oberkörper nach links neigen muß, kreisen Sie das Becken dann weiter nach hinten, der Oberkörper neigt sich dabei leicht vor.

Schieben Sie das Becken dann zur linken Seite, der Oberkörper legt sich nach rechts und schließlich weit vor, der Oberkörper geht etwas zurück.

Versuchen Sie die Hüftkreise auch in die andere Richtung, vielleicht entdecken Sie schon Ihre »Lieblingshüfte«.

→ Die Fersen bleiben am Boden.

→ Der Bewegungsansatz liegt in der Hüfte, Oberkörper und Beine bewegen sich nur durch die große Bewegung der Hüfte.

→ Versuchen Sie die Bewegung nach vorne, zur Seite und nach hinten auf gleicher Höhe auszuführen, lassen Sie die Hüfte nach hinten nicht hochkommen.

→ Die Hüftkreise werden erst durch lange Gewohnheit

rund und weich. Um die anfänglichen »Ecken« zu vermeiden, können Sie sich vorstellen, Sie würden in einer großen Tonne stehen, Ihre Hüfte kreise ständig an deren Wand entlang, ruhig, gleichmäßig und beständig, ohne jemals den Kontakt zur Wand zu verlieren.

Variationen zum großen Hüftkreis:

○ Nehmen Sie während des Kreisens die verschiedenen Grundhaltungen der Arme ein (Seiten 132 ff.).

○ Vorübung: Kreisen Sie die Hüfte rechts herum. Wenn sie von vorne auf die rechte Seite schwingt, heben Sie kurz den linken Fuß und setzen ihn – während die Hüfte von rechts nach hinten schwingt – wieder ab.

→ Der Fuß wird nicht abgerollt, Sie heben die ganze Fußsohle und setzen sie ganz wieder ab.

○ Hüftkreis mit Drehung: Beginnen Sie mit der Vorübung, setzen Sie dann aber den linken Fuß jedes Mal nach dem Heben einen ganz kleinen Schritt weiter nach vorne, die rechte Ferse dreht leicht nach. So wandern Sie langsam – während die Hüfte kreist – mit dem linken Fuß um Ihr Standbein (das rechte) herum.

Versuchen Sie das gleiche auch in die andere Richtung. Den linken Arm können Sie während der Drehung zur Seite strecken, die rechte Hand an die Schläfe legen oder in die Grundhaltung auf den Bauch legen.

→ Üben Sie diese Bewegung, bis sie sehr flüssig läuft. Am Anfang läßt sich der Eindruck nicht vermeiden, daß Sie mit einem Gipsbein tanzen würden.

Hüftkippen

Bei dieser Bewegung stehen die Füße fast geschlossen nebeneinander. Das Körpergewicht ist auf beide gleichermaßen verteilt.

Ihr Schwerpunkt bleibt in der Körpermitte. Kippen Sie das Becken abwechselnd nach rechts und links: Die rechte Hüfte hebt sich, das rechte Bein streckt sich etwas, die linke Hüfte fällt gleichzeitig nach unten; dann wechseln Sie, die linke Hüfte hebt sich, die rechte Seite fällt herunter usw.

→ Die Fersen bleiben fest am Boden;

→ die Knie sind niemals ganz durchgestreckt;

→ Kopf, Schultern und Oberkörper bleiben völlig bewegungslos;

→ die Hüfte weicht nicht nach hinten aus, achten Sie auf das Hohlkreuz.

Variationen zum Hüftkippen:

o Nach dem Rhythmus der Musik läßt sich das Hüftkippen leicht variieren, zum Beispiel:

→ Auf 3 Schlägen kippen, also rechts, links, rechts, auf dem 4. Schlag Pause, dann wieder 3 Schläge Kippen, jetzt links, rechts, links, Pause, usw.;

→ je 2 Schläge rechts und links im Wechsel, also rechts, rechts nachfedern, links, links nachfedern;

→ es gibt zahllose weitere Variationsmöglichkeiten, die Sie selbst nach der Musik finden können.

o Gehen Sie während des Hüftkippens vorwärts: Machen Sie mit dem Kippen der Hüfte rechts gleichzeitig einen sehr kleinen Schritt mit der ganzen Fußsohle nach rechts. Mit dem Heben der linken Hüfte folgt ein Schritt nach links usw. Versuchen Sie es auch rückwärts und zur Seite, indem Sie immer den rechten Fuß zur Seite setzen und den linken heranstellen; probieren Sie auch das rhythmische Hüftkippen in der Fortbewegung.

o Gehen Sie während des Hüftkippens in die Knie, und richten Sie sich wieder auf, die Fersen dürfen sich dabei vom Boden lösen, der Oberkörper bleibt bewegungslos; machen Sie keine Verbeugung.

o Verlagern Sie während des Hüftkippens das Gewicht

von einem Bein auf das andere, die Füße stehen hierbei in etwas größerem Abstand. Beginnen Sie, indem Sie das Körpergewicht auf das linke Bein verlagern, das rechte ist fast gestreckt, die rechte Ferse ist vom Boden gelöst. Bewegen Sie sich langsam, während Sie schnelle Kippbewegungen zur Körpermitte und weiter zur rechten Seite ausführen. Die rechte Ferse senkt sich dabei zum Boden, das Körpergewicht liegt nach dem Wechsel auf dem rechten Bein, die linke Ferse hat sich gehoben, es beginnt die Wiederholung der Bewegung von rechts nach links usw.

→ Bewegen Sie die Hüfte auf einer Ebene, die Knie bleiben gebeugt.

→ Der Kopf bleibt auf gleicher Höhe.

O Versuchen Sie, die Grundbewegung auch durch das Heben der Fersen zu vergrößern, beide Knie bleiben gebeugt, Sie heben die rechte Ferse, gleichzeitig hebt sich die rechte Hüfte sehr hoch, dann senken Sie die rechte Ferse und Hüfte, linke Ferse und Hüfte kommen hoch.

Versuchen Sie diese Kippbewegungen auch mit den ersten auf Seite 111 beschriebenen Variationen zum Hüftkippen.

→ Der Bewegungsansatz ist die Hüfte, lassen Sie nicht den gesamten Körper auf und ab gehen, der Kopf bleibt auf gleicher Höhe.

o Kippen Sie die Hüfte nicht nur zur Seite, sondern versuchen Sie auch eine Kippbewegung, in der die Hüfte vor und zurück geht. Stehen Sie mit gut gebeugten Knien, und spannen Sie dabei den Oberkörper an; kippen Sie dann das Becken nach vorne und nach hinten, ohne den Oberkörper mitzubewegen (siehe auch Übung Seite 111).

Das Vor- und Rückkippen läßt sich wie das seitliche Kippen variieren, probieren Sie vor allem auch, beide Kippbewegungen zu verbinden, es entstehen noch mehr Variationsmöglichkeiten.

Kleiner Hüftkreis

Die Füße stehen wieder fast geschlossen nebeneinander, das Körpergewicht bleibt in der Mitte. Heben Sie die Hüfte wie bei der Kippbewegung nach rechts, drehen Sie die Hüfte weiter nach hinten bis zur linken Seite und schließlich nach vorne, wieder nach rechts usw. Versuchen Sie, auch zur linken Seite zu drehen!

→ Die Fersen bleiben fest am Boden;

→ die Knie werden nie ganz durchgestreckt;

→ Kopf, Schultern und Oberkörper werden sehr ruhig gehalten;

→ stellen Sie sich vor, Ihr Becken sei eine Kugel und säße in einem Kugelgelenk, Sie kreisen immer leichter und flüssiger.

Variationen zum kleinen Hüftkreis:

○ Versuchen Sie, während des Kreisens vorwärts zu gehen: Schwingen Sie die Hüfte nach vorne, und machen Sie dabei einen kleinen Schritt mit der ganzen

Fußsohle nach rechts, schwingen Sie die Hüfte weiter nach rechts, sobald Sie hinten angelangt sind, setzen Sie den nächsten Schritt links, kreisen Sie weiter nach links und wieder vor, dabei folgt der Schritt rechts usw.

○ Gehen Sie mit diesen kleinen Schritten einen Kreis auf der Stelle.

○ Gehen Sie während des Kreisens in die Knie, und richten Sie sich wieder auf, achten Sie dabei auf eine gute Spannung in Bauch und Rücken; das hilft, das Gleichgewicht zu halten, die Fersen lösen sich etwas vom Boden.

○ Verlagern Sie das Gewicht während des Kreisens von einem Bein auf das andere, ebenso wie beim Hüftkippen beschrieben (Seite 110 f.).

○ Stellen Sie das rechte Bein mit dem Fußballen vor sich auf, das Körpergewicht bleibt auf dem linken, gebeugten Bein. Versuchen Sie nun kleine Kreise mit der rechten Hüfte zurück, indem Sie Ihre Hüfte nach vorne schieben, sie anheben, sie weiter nach hinten schieben und wieder nach unten bewegen. Der linke Arm kann dabei nach oben gestreckt werden, die rechte Hand ist auf die rechte Hüfte gestützt. Versuchen Sie das gleiche auch mit der linken Hüfte und im Wechsel.

Hüftdrehen

Die Füße stehen fast nebeneinander, das Gewicht bleibt in der Körpermitte. Schieben Sie die rechte Hüfte nach vorne, die linke geht zurück und umgekehrt. Spannen Sie den Oberkörper gut an, es ist nicht leicht, ihn bei dieser Bewegung ruhig zu halten, aber sehr wichtig!

→ Die Fersen bleiben am Boden;
→ die Knie sind gebeugt;
O die Schultern drehen sich nicht mit, denken Sie an den »Punkt« in Ihrem Brustkorb, an dem Sie sich »festhalten« können.

Variationen zum Hüftdrehen:

Hier gibt es wieder Ähnlichkeiten zu den Variationen des Hüftkippens.

○ Drehen Sie die Hüfte nach dem Rhythmus der Musik (siehe auch Seite 114).

○ Gehen Sie während des Hüftdrehens vor und zurück, mit einem Schritt rechts dreht sich die rechte Hüfte vor, die linke geht zurück, mit dem folgenden Schritt links kommt die linke Hüfte vor, und rechts geht zurück usw.

→ Die Schultern drehen nicht mit, denken Sie an die Spannung im Oberkörper.

○ Versuchen Sie die Vorwärtsbewegung auch auf den Zehenspitzen, dann auch im Wechsel von oben und unten. Sie gehen dabei 3 Schritte auf Zehenspitzen, also rechts, links, rechts, und setzen dann 1 Schritt links sehr tief vor den rechten; es geht auf Zehenspitzen weiter; rechts, links, rechts und links wieder tief usw. Kreuzen Sie bei diesem Schritt die Füße ein wenig voreinander.

○ Gehen Sie während des Hüftdrehens in die Knie, und richten Sie sich wieder auf.

○ Verlagern Sie während des Hüftdrehens das Gewicht von rechts nach links und zurück (siehe auch Seite 114 f.).

Hüftacht

Hier wird es etwas schwieriger. Sie sollten die Grundbewegungen schon sehr sicher beherrschen, bevor Sie die Hüftacht probieren. Sie ist die Lieblingsbewegung der meisten Frauen, schwingen und wiegen Sie sich sanft und beruhigend.

Liegende Hüftacht

Drehen Sie die rechte Hüfte wie beim Hüftdrehen nach vorne, kreisen Sie über die rechte Seite nur etwas nach hinten (nicht bis in die Mitte), die linke Hüfte ist jetzt vorne. Sie schieben sie wie auf einer Diagonalen noch weiter vor, so ist die Hälfte der Acht vollbracht.

Von dort wird die linke Hüfte wie zuvor die rechte ein wenig nach hinten gekreist, nun ist die rechte Hüfte vorne. Sie schieben sie noch weiter vor und können dann mit der nächsten Acht beginnen.

→ Die Fersen bleiben unten;

→ die Knie sind gut gebeugt, die Beine nie ganz durchgestreckt, obwohl sie sich mitbewegen;

→ der Oberkörper wird möglichst ruhig gehalten, darf sich jedoch leicht mitbewegen;

→ stellen Sie sich die Acht vor, die Sie mit der Hüfte beschreiben, und malen Sie diese Bewegung in den Raum;

→ zu Beginn können Sie sich die Bewegung in 4 Schritten denken:

1.: rechte Hüfte von vorne nach schräg hinten kreisen;

2.: linke Hüfte durch eine Diagonale nach links vorne schieben;

3.: linke Hüfte von vorne nach schräg hinten kreisen;

4.: rechte Hüfte durch eine Diagonale nach rechts vorschieben.

Variationen zur liegenden Hüftacht:

O Versuchen Sie die Hüftacht in verschiedenen Tempi, also zunächst sehr langsam, später schneller und dann auch mit raschem Tempowechsel. Beginnen Sie dabei eine Acht sehr schnell mit rechts zu drehen und die erste Hälfte der 2. Acht (also wieder Beginn rechts) sehr langsam und groß, in der gleichen Zeitspanne, in der Sie zuvor die erste vollständige Acht ausgeführt haben.

Es folgt dann wieder eine schnelle ganze Acht, jetzt jedoch Beginn links, die anschließende halbe langsame Acht führt die rechte Hüfte aus.

○ Hüftacht im Vorwärtsgehen:

   1. Setzen Sie einen Schritt rechts vor und kreisen die rechte Hüfte gleichzeitig nach schräg hinten, das Körpergewicht liegt auf dem rechten Fuß.

   2. Heben Sie den linken Fuß, während Sie die linke Hüfte nach links vorne schieben. Sobald Sie dort angekommen sind, setzt der linke Fuß mit Schritt nach vorne auf.

   3. Das Körpergewicht liegt jetzt links, kreisen Sie die linke Hüfte von vorne nach schräg hinten.

   4. Heben Sie den rechten Fuß, während Sie die rechte Hüfte nach rechts vorne schieben usw.

○ Gehen Sie während der Hüftacht in die Knie, und richten Sie sich wieder auf.

Stehende Hüftacht

Vorübungen:

○ Stehen Sie in der Grundhaltung, die Füße sind hüftbreit voneinander entfernt, die Zehenspitzen nicht nach außen gedreht. Verlagern Sie das Gewicht, also den ganzen Körper, abwechselnd von rechts nach links.

○ Stehen Sie in der Ausgangsstellung. Ihr Gewicht liegt auf dem rechten Bein, von dort schieben Sie die Hüfte links zur Seite, das Gewicht verlagert sich auf das linke Bein. Die Hüfte geht weiter nach oben, dabei hebt sich die Ferse des linken Beines, von oben kehrt

sie zurück nach rechts in die Ausgangsstellung, das
Gewicht liegt also wieder auf dem rechten Bein.

Üben Sie diese Bewegung auch nach links, das Gewicht liegt zu Beginn also auf dem linken Bein, Sie
verlagern und kreisen nach rechts.
Wenn Ihnen beide Vertikalkreise sehr vertraut sind,
können Sie die aufrechte Acht probieren.
Nehmen Sie die Grundhaltung ein, und schieben Sie die
Hüfte zur rechten Seite. Beim Anheben der Hüfte löst
sich die rechte Ferse vom Boden, danach schwingt die
Hüfte zurück in die Ausgangsstellung (Ihre Körpermitte), und die Ferse sinkt wieder zum Boden (sehr wichtig!) – die erste Hälfte der Acht ist vollbracht!
Ohne Unterbrechung führen Sie den gleichen vertikalen Kreis nach links aus. Dabei schieben Sie die Hüfte
nach links, heben sie an, lösen dabei die linke Ferse vom
Boden, schwingen die Hüfte zurück in die Ausgangsstellung (Ihre Körpermitte) und senken die linke Ferse wieder zum Boden.

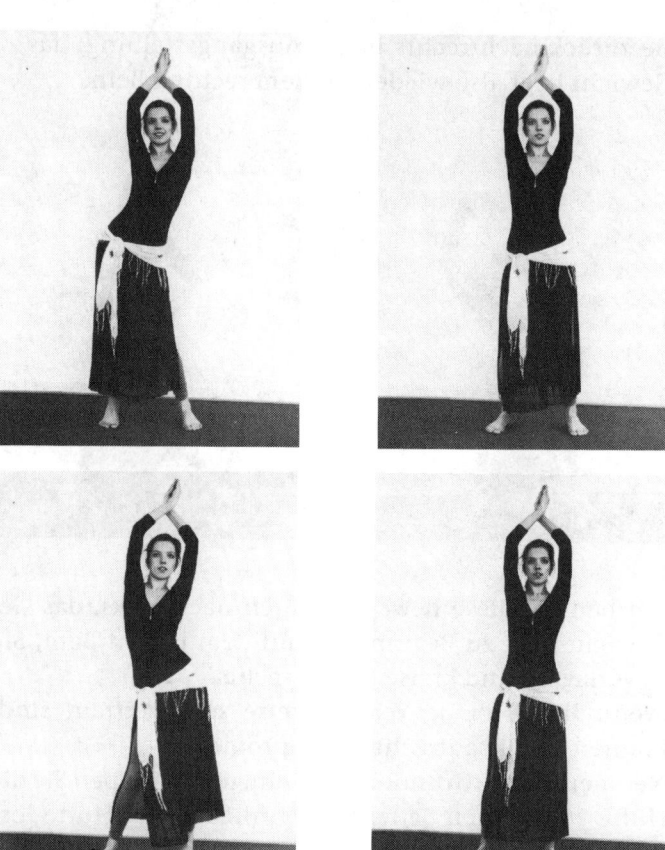

Nun können Sie mit der nächsten Acht beginnen.

→ Heben Sie immer nur *eine* Ferse an und senken sie wieder, bevor Sie die andere anheben; das Anheben der Ferse gibt der Hüfte den Schwung, um durch die Mitte auf die andere Seite zu schwingen.

→ Der Abstand der Füße darf nicht zu klein sein, drehen Sie vor allem die Zehenspitzen nicht nach außen, halten Sie sie geradeaus gerichtet.

Hüftdrop und Hüftschwenken

Sie stehen auf dem rechten Bein, das linke ist mit dem
Fußballen vor Ihnen aufgestellt. Das gesamte Körperge-
wicht liegt auf dem rechten Bein. Drehen Sie die linke
Hüfte nach vorne oben, dabei streckt sich das linke Bein
etwas, die Ferse dreht sich nach innen. Lassen Sie die
Hüfte in die Ausgangsstellung zurückfallen, das linke
Bein beugt sich wieder, die Ferse dreht sich nach außen.

→ Der hintere Fuß steht fest am Boden, das Gewicht
  bleibt während der Bewegung auf dem hinteren Bein
  (Standbein), stellen Sie sich vor, Sie säßen auf einem
  Barhocker. Sie stehen kurz auf, drehen dabei die Hüfte hoch und »setzen« sich wieder hin.
→ Der Oberkörper bleibt völlig bewegungslos, die
  Schultern werden nicht mitgedreht, sondern sind immer nach vorne ausgerichtet.
→ Die Knie bleiben gebeugt, wippen Sie nicht mit dem
  ganzen Körper auf und ab, der Kopf bleibt auf gleicher Höhe, Bewegungsansatz ist die Hüfte.

Die Betonung kann bei dieser Bewegung auf dem Stoßen nach oben liegen (Hüftschwenken) oder auf dem Fallenlassen nach unten (Hüftdrop; drop = fallen). Führen Sie diese Bewegung nicht weich schwingend, sondern kraftvoll und akzentuiert aus. Versuchen Sie die Variation nach einer klar rhythmischen Musik; seien Sie mit dem Taktschlag in der Hüftbewegung jeweils oben oder unten, betonen Sie also das »Hoch« oder »Runter«.

Variationen zum Hüftdrop und Hüftschwenken:

○ Drehung: Führen Sie das Hüftschwenken rechts aus, so stehen Sie auf dem linken Bein, dem Standbein. Es ist die »Achse« Ihrer Drehung. Das rechte Bein ist das Spielbein, es wird mit gleichzeitigem Hüftschwenken um das linke Bein geführt. Dabei legen Sie das Körpergewicht auf das linke Bein, schwenken mit der rechten Hüfte und versuchen dann mit jeder neuen Hochbewegung der Hüfte, die rechte Fußspitze einen kleinen Schritt in Drehrichtung (links) aufzusetzen. Der Fuß des Standbeins dreht sich leicht mit, indem die Ferse sich kaum sichtbar hebt und wieder senkt.

→ Versuchen Sie die Drehung erst ohne Hüftbewegung, damit Ihnen der Ablauf verständlich wird.

→ Die Schritte des Spielbeins sind *sehr* klein, Sie können sich mit ungefähr 10 Schritten einmal um sich herumdrehen.

Können Sie nach einiger Zeit sehr flüssig drehen, versuchen Sie die Arme mitzubewegen. Sie halten den Arm der Standbeinseite auf der Seite, der Arm der Spielbeinseite beschreibt in Drehrichtung einen Kreis über dem Kopf. Dabei ziehen Sie während der 1. Vierteldrehung den Arm diagonal von rechts unten nach links oben zum Kopf, ungefähr bei der nächsten Vierteldrehung beschreiben Sie über dem Kopf einen kleinen Kreis, die Handinnenfläche ist dabei nach oben gerichtet.

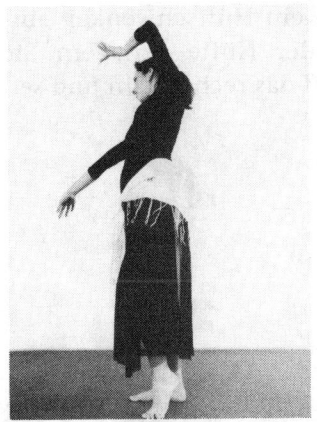

Während des letzten Teils der Drehung ziehen Sie den Arm weit nach hinten und von dort weiter auf die Seite. Hier können sie ihn halten und eine weitere Drehung anschließen; schauen Sie dabei zur linken Hand.

○ Gehen Sie während des Hüftschwenkens vorwärts. Ähnlich wie bei der Drehung setzen Sie mit jedem Heben der Hüfte einen Schritt vor. Sie stehen auf dem linken Bein, führen rechts ein Hüftschwenken aus, mit dem Herunterfallen der Hüfte verlagern Sie gleichzeitig das Gewicht auf das rechte Bein und setzen den Fuß ab.

Jetzt kommt das linke, unbelastete Bein vor, setzt mit dem Fußballen auf, und gleichzeitig schwenkt die Hüfte hoch.

Mit dem Fallenlassen wird wiederum das Gewicht auf das linke Bein verlagert, der Fuß wird abgesetzt, der nächste Schritt ist getan.

→ Eine »Denkhilfe«: rechts hoch, rechts runter und Schritt, links hoch, links runter und Schritt usw.

Sie können die Vorwärtsbewegung variieren, indem Sie zum Beispiel vor jedem Schritt zwei Hüftschwenkbewegungen ausführen: rechts hoch, runter, hoch, runter und Schritt, links hoch, runter, hoch, runter und Schritt usw.

o Sie stehen auf dem linken Bein und führen rechts drei Hüftschwenkbewegungen aus. Beim ersten Hüftschwenken setzen Sie die rechte Fußspitze rechts zur Seite, beim zweiten kreuzen Sie das rechte Bein vor dem linken, beim dritten setzen Sie die Fußspitze wie zu Beginn rechts zur Seite auf.

Jetzt folgt ein Belastungswechsel, mit dem Fallenlassen der Hüfte beim letzten Hüftschwenken setzen Sie einen kleinen Schritt rechts zur Seite, das rechte Bein ist nun belastet und Standbein.

127

Sie beginnen die drei Hüftschwenkbewegungen links auszuführen, d. h. linke Fußspitze links zur Seite mit Hüftschwenken, linke Fußspitze kreuzt vor dem rechten Bein mit Hüftschwenken, linke Fußspitze geht wieder links mit Hüftschwenken zur Seite, es folgt ein kleiner Schritt links zur Seite usw.

→ Gedreht wird nur die Hüfte, die Schultern bleiben ruhig. Drehen Sie nicht mit jedem Hüftschwenken den ganzen Körper zur Seite.

○ Setzen Sie einen tiefen Schritt rechts vor das linke Bein, das gesamte Körpergewicht liegt links.
Strecken Sie dann das Bein leicht gebeugt zur Seite und schwenken die linke Hüfte hoch; anschließend setzt das linke Bein tief vor dem rechten auf, das Körpergewicht liegt links. Sie strecken das rechte Bein unbelastet zur Seite und schwenken die rechte Hüfte hoch; es folgt wieder der tiefe Schritt rechts usw.
Als Variation können Sie vor jedem Schritt ein weiteres Hüftschwenken oder auch Hüftdrop ausführen: Schritt rechts tief, linke Fußspitze setzt unbelastet zur Seite auf, linke Hüfte hoch, runter, nachfedern, runter, hoch, runter und tiefer Schritt links, rechts unbelastet zur Seite usw.
Bei dieser Bewegung können Sie den Arm der Standbeinseite zur Schläfe führen, den Arm der Seite, die das Hüftschwenken ausführt, zur Seite strecken; wechseln Sie die Position der Arme während des tiefen Schritts.

○ Hüftdrop und Hüftschwenken laden zu vielen weiteren Variationen ein, sie eignen sich zur Bewegung im Raum, zum Mittanzen und Betonen der verschiedensten Rhythmen. Alle Variationen, die zuvor mit dem Hüftschwenken beschrieben wurden, lassen sich ebenso gut mit einem Hüftdrop ausführen!

o Versuchen Sie, das Hüftdrop bzw. Hüftschwenken immer schneller werden zu lassen, bis Sie in einen Schimmy (Seite 148 ff.) mit der Hüfte des Spielbeins übergehen.

Weitere Grundbewegungen

Bewegungen und Haltung der Hände

Die Krönung Ihrer Armbewegungen liegt im Ausdruck Ihrer Hände, in der leichten und weichen Bewegung Ihrer Finger. Die Grundhaltung ist leicht zu erreichen.

Schütteln Sie Ihren Arm kräftig aus, heben Sie ihn dann an und lassen Sie die Hand locker herunterhängen; heben Sie die Hand von dort in die Waagerechte, so erhalten Sie die beste Grundhaltung der Hände.

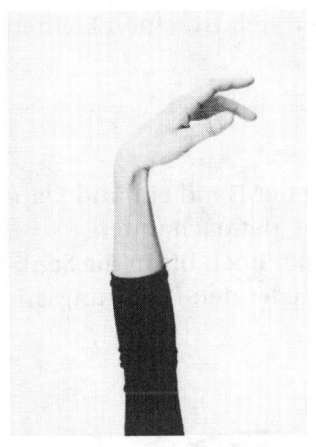 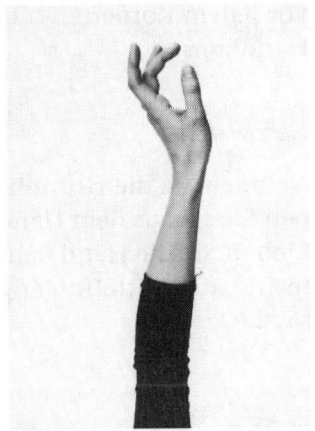

An ihnen wird am ehesten jede Anstrengung des Körpers sichtbar. Spannen Sie einen Körperteil übermäßig
an, so zeigt sich das nicht nur dort, sondern gleichzeitig
auch in einer verkrampften Handhaltung.
Hier einige Grundbewegungen der Hände:

Handkreise

Halten Sie Ihren Arm völlig ruhig vor dem Körper. Der
Ellenbogen ist leicht gebeugt, er liegt auf gleicher Höhe
wie der gesamte Arm und die Schulter; versuchen Sie
jetzt, aus dem Handgelenk kleine Kreise mit der Hand zu
beschreiben. Sie werden eingeleitet von Ihrem Mittelfinger, stellen Sie sich vor, Sie malen mit dem Mittelfinger Kreise in die Luft.
Betonen Sie im Tanz mit den Handkreisen einzelne Körperteile, führen Sie zum Beispiel während kleiner Bewegungen mit der Hüfte Handkreise über dieser Hüfte aus,
oder weisen Sie durch einen Kreis auf Ihre Schulter oder
den Ellenbogen des anderen Arms hin – kurz, malen Sie

131

vor jedem Körperteil, der Ihnen lieb ist, einen kleinen Handkreis.

Handwellen

Nehmen Sie die Grundhaltung der Hand ein und klappen Sie sie aus dem Handgelenk tief nach unten.
Ziehen Sie die Hand dann wieder hoch bis in die Senkrechte, der Mittelfinger gibt wieder den Bewegungsansatz.

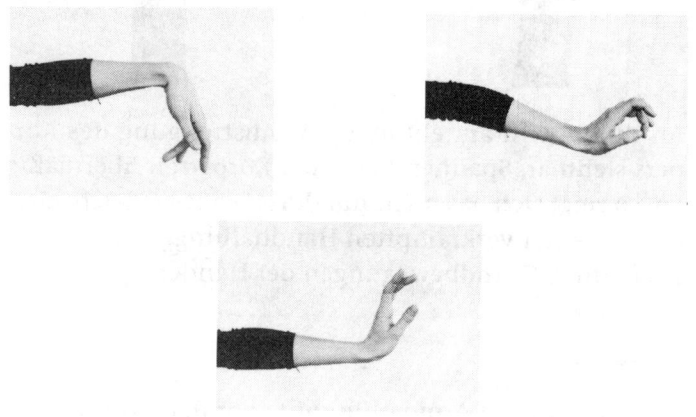

Grundhaltungen der Arme

○ Breiten Sie die Arme weit zur Seite aus, halten Sie sie in Schulterhöhe. Drehen Sie die Handflächen zueinander, und stellen Sie sich vor, Sie würden jemanden empfangen, den Sie lange nicht gesehen haben, öffnen Sie Ihre Arme zur Umarmung.
→ Die Hände sind eine Verlängerung der Arme, sie hängen nicht herunter.

→ Die Ellenbogen hängen nicht nach unten durch, sondern sind leicht angewinkelt und gehoben, um eine weichgerundete Linie des Arms zu erreichen.

→ Die Schultern sind locker, ziehen Sie sie nicht hoch!

O Strecken Sie die Arme wieder zur Seite, diesmal beschreiben Sie eine abfallende Linie, die Ellenbogen sind gebeugt, die Handflächen zum Boden gedreht. Diese Haltung ist weniger anstrengend, und Sie können sie längere Zeit beibehalten.

→ Stellen Sie sich vor, Ihre Hände würden sich auf zwei Säulen rechts und links vor Ihnen stützen, Schultern, Ellenbogen und Hände bilden eine abfallende Linie.

O Heben Sie die Arme etwas gebeugt über den Kopf, drehen Sie die Handflächen nach außen, die Handgelenke berühren sich.

→ Die Schultern bleiben locker und tief, klemmen Sie Ihren Kopf nicht dazwischen ein.

O Drehen Sie in der gleichen Armhaltung die Hände zueinander, verkreuzen Sie die Hände und schließen die Handflächen.

→ Die Arme sollten Ihren Kopf rund umrahmen, lassen Sie sie nicht nach vorne hängen, die geschlossenen Hände sind genau über Ihrer Kopfmitte.

○ Drehen Sie aus der gerade beschriebenen Position die Handflächen nach außen, spreizen Sie die Mittelfinger ab und senken Sie sie auf die Unterarme, die anderen Finger sind ebenfalls gespannt.

Die Armhaltungen über dem Kopf passen besonders gut zu allen kleinen Bewegungen der Hüfte, die Sie im Stehen ausführen (Hüftacht, Hüftdrehen, kleiner Hüftkreis, Hüftkippen).

Armbewegungen

Die Armbewegungen lassen Ihnen im Tanz viel Raum zur Improvisation. Um jedoch nicht nur in den eigenen

Bewegungen steckenzubleiben, ist es gut, wenn Sie über ein breites Repertoire von Armbewegungen verfügen. Gerade dadurch werden Ihnen immer wieder neue Ideen für Variationen kommen.

Zu Beginn erproben Sie die Armbewegungen am besten im Sitzen. Machen Sie es sich auf dem Boden bequem, wählen Sie eine ruhige Musik aus, und konzentrieren Sie sich ganz auf die weichen Bewegungen der Arme.

Armwelle

Diese Bewegung wird aus dem Handgelenk eingeleitet. Halten Sie den Arm auf der Seite, heben Sie das Handge-

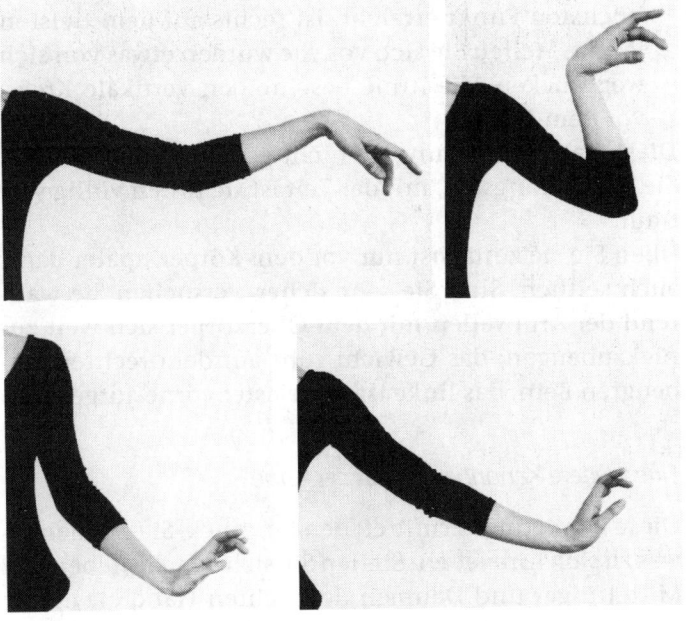

lenk, lassen Sie alles andere locker hängen, ziehen Sie

das Handgelenk zu sich heran, lassen Sie es am Körper heruntergleiten, und drücken Sie es nach außen in die Ausgangshaltung.

Üben Sie diese Bewegung, bis sie flüssig und rund ist. Die Finger bewegen sich automatisch mit, lassen Sie sie völlig locker. Versuchen Sie die Bewegung auch

○ mit beiden Armen gleichzeitig auszuführen;

○ kleiner und wieder größer werden zu lassen, indem Sie das Handgelenk mehr oder weniger heben;

○ vor dem Körper, die Arme sind also in der Ausgangs-position nach vorne gestreckt;

○ zeitlich versetzt: Heben Sie das rechte Handgelenk; sobald es mit der Abwärtsbewegung beginnt, hebt sich gleichzeitig das linke Handgelenk. Hat links den höchsten Punkt erreicht, ist rechts auf dem tiefsten Punkt. Stellen Sie sich vor, Sie würden etwas von sich wegdrücken, die Arme beschreiben vertikale Kreise vor dem Körper.

Diese Kanonbewegung ist nicht ganz leicht, probieren Sie es sehr langsam, mit der Zeit ist sie Ihnen völlig vertraut.

Üben Sie sie zunächst nur vor dem Körper, später dann auch seitlich. Sind Sie sehr sicher, versuchen Sie während der Armwellen mit dem Oberkörper sich weit zurückzubeugen; das Gewicht ruht auf dem rechten, gebeugten Bein, das linke ist unbelastet vorne aufgestellt.

Eine weitere Kanonbewegung der Arme

Diese Bewegung vermittelt den Eindruck, Sie würden etwas zu sich hinziehen: Stellen Sie sich vor, Sie heben mit Mittelfinger und Daumen der rechten Hand etwas vor sich an und bringen es in einem weiten Bogen zu Ihrem Mund. Während dann die rechte Hand an Ihrem Körper zurück in die Ausgangsstellung gleitet, hebt die linke Hand etwas vor Ihnen auf und bringt es in weitem Bogen nach oben usw.

Schlangenarme

Dies ist die schwierigste und schönste Kanonbewegung der Arme. In vollendeter Ausführung soll der Eindruck entstehen, die Arme wären biegsam wie eine Schlange, ohne Gelenke und Knochen. Die Bewegung wird aus den Schultern eingeleitet.

Ziehen Sie zunächst abwechselnd die rechte und linke Schulter sehr hoch, und lassen Sie sie wieder fallen. Wenn Sie diese Bewegung größer werden lassen, stellen Sie fest, daß sich der Ellenbogen mit hebt; lassen Sie den ganzen Arm sehr locker.

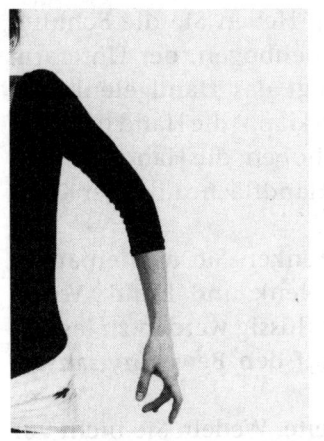
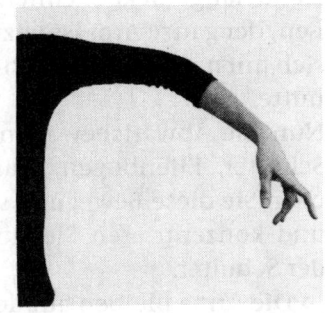

Versuchen Sie, die Bewegung noch mehr auszuweiten, und Sie merken, daß sich nun auch das Handgelenk mithebt.

Haben Sie dieses Bewegungsgefühl in sich aufgenommen, probieren Sie zunächst nur mit einem Arm den Bewegungsablauf der Schlangenarme.

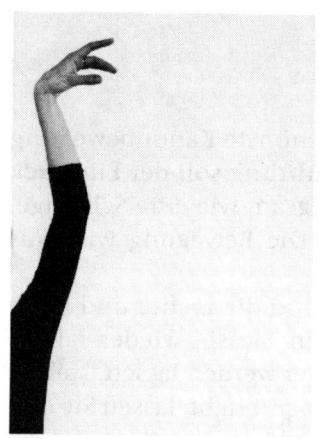

Zuerst die Aufwärtsbewegung: Heben Sie die Schulter weit nach oben, dann den Ellenbogen, der Unterarm hängt locker herunter, es folgt das Handgelenk, die Hand hängt locker, schließlich klappt die Hand nach außen, der ganze Arm ist jetzt gehoben, die Hand befindet sich mit nach oben gedrehter Handfläche über der Kopfmitte.

Nun die Abwärtsbewegung: Senken Sie nacheinander Schulter, Ellenbogen, Handgelenk und Hand. Versuchen Sie diese Bewegung sehr flüssig werden zu lassen, und konzentrieren Sie sich auf den Bewegungsansatz der Schulter.

→ Die Arme bleiben auf der Seite. Wedeln Sie nicht vor oder zurück, zur Kontrolle können Sie die Bewegung dicht an einer Wand ausführen, Sie dürfen sie aber nicht berühren.

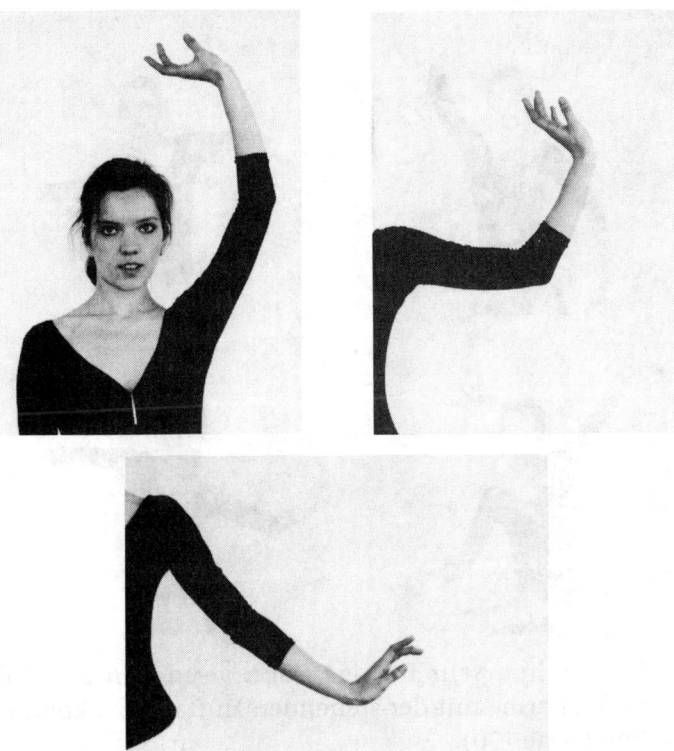

Sobald Sie die Bewegung mit beiden Armen sicher beherrschen, versuchen Sie sie im Kanon: Sobald der rechte Arm über dem Kopf erhoben ist und zur Abwärtsbewegung ansetzt, beginnt sich die linke Schulter zu heben. Hat der linke Arm den höchsten Punkt erreicht, beginnt sich der rechte wieder zu heben usw.

Geht es schon sehr flüssig? Dann versuchen Sie, die Schlangenarme mit der stehenden Hüftacht zu kombinieren (Seite 120).

Armkreuzen

Halten Sie die Arme angewinkelt vor sich, kreuzen Sie die Unterarme, so daß abwechselnd die linke und rechte Hand vorne ist.

Dazu führen Sie nach jedem Kreuzen eine Handwelle aus: Der rechte Unterarm kreuzt vor dem linken, beide Hände klappen aus dem Handgelenk nach unten, die Hände werden wieder hochgezogen, gleichzeitig kreuzt der linke Unterarm vor dem rechten. Versuchen Sie auch, beide Arme langsam vor dem Körper nach oben über den Kopf zu führen, ohne das Armkreuzen zu unterbrechen, kreuzen Sie über dem Kopf weiter und lassen die Arme dann wieder heruntergleiten.

Das Armkreuzen läßt sich gut mit der Armwelle kombinieren: Kreuzen Sie die Arme einige Male, führen Sie dann eine Armwelle mit beiden Armen zur Seite aus und bringen die Arme von der Seite schnell zurück in die Grundhaltung des Armkreuzens, kreuzen Sie wieder und schließen eine Armwelle an.

Diese Armbewegung paßt besonders gut zu ruhigen Seitwärtsbewegungen der Hüfte, zum Beispiel Hüftschieben (Seite 105).

Betonung der Schläfe

Viele Armbewegungen im Bauchtanz betonen die Schläfe der Tänzerin; heben Sie Ihren Handrücken zur Schläfe, so kommt unweigerlich ein Lächeln auf Ihre Züge. Es ist eine sehr sanfte und weibliche Geste, ebenso intuitiv wie das Hochziehen der Augenbrauen zur Begrüßung, das wir unbewußt bei jeder Begegnung mit einem bekannten Menschen einsetzen.

Heben Sie die rechte Hand zur Schläfe, führen Sie mit dem linken Arm Wellen zur Seite aus, wechseln Sie nach einiger Zeit die Arme.

Bewegungen mit dem Oberkörper

Auch die Bewegungen mit dem Oberkörper versuchen Sie am besten zunächst im Sitzen, so können Sie sicher sein, daß Sie nur den Oberkörper bewegen – diesmal bleibt die Hüfte bewegungslos.

Im Fersensitz strecken Sie die Wirbelsäule lang nach oben, versuchen, den Abstand von Beckenknochen und Rippen zu vergrößern, jedoch ohne den Atem anzuhalten und die Schultern hochzuziehen. Aus dieser Spannung setzen Sie den Brustkorb nach vorne, wieder zu-

rück und nach hinten. Dabei rundet sich der Rücken (eine gute Vorübung finden Sie auf Seite 99 f.).
Versuchen Sie aus der gleichen Ausgangshaltung heraus, den Brustkorb nach rechts und links zu setzen.
→ Die Schultern bleiben auf gleicher Höhe, neigen Sie sich nicht zur Seite, sondern versetzen Sie den gesamten Brustkorb.

Brustkorbschieben

Schieben Sie den Oberkörper flüssig ohne Unterbrechung von rechts nach links und anschließend auch von vorne nach hinten.

Oberkörperkreise

Setzen Sie den Oberkörper vor, schieben ihn weiter nach rechts, von dort nach hinten und links, beschreiben Sie also einen horizontalen Kreis.

Einen vertikalen Kreis malen Sie, wenn Sie den Brustkorb zuerst nach rechts schieben, ihn dann anheben, nach links gleiten lassen und schließlich nach unten senken.

Oberkörperwelle

Strecken Sie den Brustkorb zunächst nach vorne, heben Sie ihn dann sehr hoch, schieben Sie ihn nach hinten und senken Sie ihn schließlich wieder in die Körpermitte. Versuchen Sie die Welle auch in die andere Richtung, also zurück, hoch, vor und tief.

Wenn Sie diese Bewegungen nicht nur im Sitzen, sondern auch im Stehen gut bewältigen, können Sie einige »Isolationskunststücke« probieren.

Kombinieren Sie im Stehen die Oberkörperbewegungen mit Hüftbewegungen, zum Beispiel Oberkörperkreise mit gleichzeitigem Hüftkippen oder Oberkörperschieben mit gleichzeitigem Hüftkreisen usw.

Auch die liegende Hüftacht läßt sich mit dem Oberkörper ausführen (Seite 118).

Bewegungen am Boden

Die Bodenbewegungen des Bauchtanzes sind besonders geeignet, um die Erdverbundenheit der Frau hervorzuheben. Sie werden sehr langsam und ruhig ausgeführt und stellen nicht nur hohe Anforderungen an die Körperbeherrschung, sondern vor allem an die Ausdruckskraft einer Tänzerin.

Alle bisher beschriebenen Bewegungen der Arme und des Oberkörpers lassen sich gut auf dem Boden ausführen, sie wirken dort sogar noch stärker.

Zunächst geht es jedoch darum, auf den Boden zu gleiten, ohne den Tanz zu unterbrechen.

Hier einige einfache Möglichkeiten:

○ Stellen Sie das rechte Bein vor, legen Sie das gesamte Körpergewicht darauf. Legen Sie auch den Oberkörper etwas vor und führen mit den Armen die nach vorne greifenden Bewegungen der Arme aus (Seite 136). Beugen Sie langsam das linke Knie, verlagern Sie das Körpergewicht noch mehr nach vorne und setzen langsam das linke Knie auf den Boden, ohne die Armbewegungen zu unterbrechen.

Aus dieser Position können Sie auch das rechte Knie neben das linke setzen und sich auf die Fersen niederlas-
sen. Jetzt können Sie alle Bewegungen der Arme und des
Oberkörpers ausführen.

○ Aus der gleichen Ausgangsstellung können Sie zum
Boden kommen, indem Sie die Hände über dem Kopf
falten und den Kopf nach rechts und links gleiten lassen, während der Oberkörper völlig aufrecht bleibt.
Strecken Sie das linke Bein weit nach hinten, alles Ge-

wicht liegt auf dem rechten Bein; knien Sie langsam
auf dem linken Bein und setzen Sie das rechte wieder
daneben.

Bodenbewegungen

o Aus dem Fersensitz können Sie alle Grundbewegungen der Hüfte mit Ausnahme des Hüftdrop und des
Hüftschwenkens ausführen. Heben Sie die Hüfte
leicht, so daß sie die Fersen noch streift, und führen
Sie aus dieser Position Kippbewegungen, Kreise, Achten und Schimmy (Seite 148) aus.

o Kommen Sie aus dem Fersensitz hoch in den Kniestand und versuchen Sie auch dort Hüftbewegungen.

o Spannen Sie im Kniestand den ganzen Körper gut an,
und legen Sie sich zurück, der Kopf bleibt oben, der
gesamte Körper bildet von den Knien bis zum Kopf
eine Linie. Führen Sie Armwellen im Kanon nach vorne aus.

→ Legen Sie sich immer nur so weit zurück, daß Sie ohne Schwierigkeiten wieder hochkommen.

Um wieder aufzustehen, ist es am einfachsten, aus dem Kniestand zunächst wieder einen Fuß aufzustellen, alles Körpergewicht auf diesen Fuß zu legen, den Oberkörper weit nach vorne zu ziehen und im Aufrichten das hintere Bein langsam zu strecken. Die Arme führen Armwellen nach vorne aus; stellen Sie sich vor, sie könnten sich an einem Seil, das Sie mit den Händen greifen, hochziehen.

Der Schimmy

Der Schimmy ist eine Schüttelbewegung verschiedener Körperteile, die man in vielen Tänzen finden kann, im afrikanischen Tanz zum Beispiel und den Tanzformen, die sich daraus entwickelt haben (Samba, Jazz usw.). Die Schüttelbewegung bringt den Körper in höchste Aktivität, jedoch nicht durch Anspannung, sondern durch Entspannung und Lockerung einzelner Körperteile.

Es fällt den meisten Frauen zu Beginn sehr schwer, die verspannten Hüften und Schultern locker zu lassen und zu schütteln. Mit der Zeit aber gibt es für jede Frau den Moment, in dem sie mit strahlendem Lachen entdeckt, wie sie ihren Körper vibrieren lassen kann und welch ungeheuer entspannende Wirkung das hat.

Alle Vorübungen des Kapitels »Entspannen und locker werden« können helfen, die Bewegung zu entdecken. Meist gelingt es nach Ende eines Kursabends, wenn alle Körperteile durch den Tanz gelockert sind, besonders gut. Die bewältigte Anstrengung ermöglicht ein Entspannen.

Hüftschimmy

Nehmen Sie die Grundhaltung ein und spannen den Oberkörper etwas an.

Beginnen Sie mit der Bewegung des Hüftdrehens (Seite 116), führen Sie sie sehr klein, kaum sichtbar aus. Versuchen Sie ohne Anspannung, die Hüften locker hin und her zu pendeln, nach einiger Zeit werden Sie immer schneller, bis Hüfte, Oberschenkel und Pomuskeln vibrieren.

→ Lehnen Sie den Oberkörper kaum sichtbar ein wenig zurück, dadurch sind hintere Oberschenkel- und Pomuskulatur in der Grundhaltung schon entspannt.

→ Sobald Sie merken, daß Sie sich während des schnellen Pendelns im Hüftbereich verspannen, sollten Sie die Bewegung unterbrechen und wieder sehr locker und langsam beginnen.

→ Halten Sie die Knie gebeugt, die Bewegung kommt nicht aus den Beinen.

→ Versuchen Sie sich vorzustellen, daß Sie mit dem Schütteln der Hüften allen Ärger, Streß, alles, was Sie belastet, von sich ab auf den Boden schütteln.

→ Zu Beginn hilft es manchmal, sich mit den Händen an einem Stuhl oder einer Wand abzustützen; so ist es leichter, den Oberkörper ruhig zu halten.

Variationen zum Hüftschimmy:

o Versuchen Sie während des Schüttelns, das Körpergewicht abwechselnd auf das linke und rechte Bein zu verlagern.

o Gehen Sie während des Schüttelns in die Knie und richten Sie sich wieder auf.

o Führen Sie große Hüftkreise aus und versuchen Sie dabei zu schütteln.

○ Gehen Sie während des Schüttelns vorwärts, im Kreis, seitwärts und rückwärts; setzen Sie mit jedem Schritt entweder die ganze Fußsohle auf, oder gehen Sie auf Zehenspitzen.

Schulterschimmy

Bewegen Sie zunächst nur die rechte Schulter nach vorne, die linke zurück, dann links vor und rechts zurück usw., eine Bewegung, die auch langsam ausgeführt sehr schön ist.

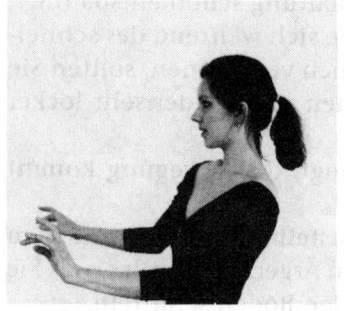

Versuchen Sie für den Schulterschimmy diese Bewegung nun sehr klein und immer schneller werdend, bis die Schultern vibrieren – und zwar nur die Schultern, der gesamte Körper ist angespannt und bewegungslos. Zu Beginn hilft es, den Oberkörper etwas vorzubeugen, die Arme locker nach vorne hängen zu lassen und in dieser Position das Bewegungsgefühl des Schulterschüttelns zu erproben.

→ Halten Sie die Arme ruhig auf der Seite, sie sollten sich nicht mitbewegen, die Schultern zittern in sehr kleinen Bewegungen.

→ Auch die Hüfte sollte bewegungslos bleiben, zu Beginn läßt sich der Schulterschimmy gut im Knien auf den Fersen sitzend üben.

Variationen zum Schulterschimmy:

○ Beugen Sie während des Schulterschimmys den Oberkörper im Stehen oder Knien zurück.

○ Laufen Sie mit Schulterschütteln vorwärts, im Kreis, seitwärts und zurück.

○ Führen Sie in schnellem Wechsel abwechselnd Hüft- und Schulterschimmy aus.

Der Tanz

Zwischen Tanzbewegungen und Tanz gibt es einen langen Weg. Das Aneinanderreihen der Figuren allein kann einen Tanz noch nicht ausmachen. Erst wenn Sie die Bewegungsabläufe so in sich aufgenommen haben, daß sie nicht mehr bedacht werden müssen, kann der Tanz beginnen, können langsam Stimmungen und Gefühle, Persönlichkeit und Wesen zum Ausdruck kommen.

Bis Sie jedoch an diesen Punkt gelangen, geht es zunächst darum, die Bewegungen immer wieder neu zu kombinieren, sie nach der Musik schneller und langsamer werden zu lassen, in der Fortbewegung, in Drehungen und allen Varianten leicht und geschmeidig ineinander übergehen zu lassen. Das kann nur durch ständiges Üben, Erproben und Wiederholen gelingen.

Es hat wenig Sinn, an dieser Stelle eine bestimmte Kombination von Bewegungen vorzugeben; Sie müssen sie im Tanz in sensibler Aufnahme der Musik selbst finden. Eine Hilfe ist es zunächst, ohne Musik Übergänge von einer Bewegung in eine Variation oder neue Bewegung zu suchen. So können Sie gleichzeitig herausfinden, welche Bewegungen gut zusammenpassen und kombiniert werden können.

Suchen Sie dann eine Musik aus, die Sie immer wieder hören, um langsam zu entdecken, welche Teile zu schneller Fortbewegung und welche zu langsamen, wogenden Bewegungen und zum Tanzen am Boden einladen. Je öfter Sie nach einem Musikstück tanzen, desto leichter fällt es Ihnen, die Tanzbewegungen dem wechselnden Rhythmus der Musik anzupassen.

Mit zunehmender Sicherheit im Tanz werden Sie immer weniger an Ihre Bewegungen denken, sie werden dadurch aussagekräftiger, natürlicher und Ihrem Wesen als Frau entsprechend.

Tips für Kursleiterinnen

Wer Bauchtanz unterrichten möchte, braucht zunächst natürlich eine gute Technik und Sicherheit im Tanz. Aber ebenso wichtig ist die eigene Beziehung zum Tanz und vor allem der Wunsch, ihn zu vermitteln.

Wenn man sich der Liebe zum Tanz sicher ist und sie auch nach außen ausstrahlt, hat man schon fast die Garantie für einen erfolgreichen Kurs. Dazu gehört die Freude, den Tanz auch anderen zu öffnen und gemeinsam zu erleben.

Dabei ist es wichtig zu bedenken, daß jede Frau ihre eigene Beziehung zum Tanz entwickeln wird. Jede tanzt ihn aus ihrer Sichtweise und ihrer Einstellung zu sich selbst und zum Leben. Für manche Frauen ist Bauchtanz eine weibliche Art, sich gesundzuerhalten, für andere steht das Zusammentanzen im Vordergrund, einige suchen im Bauchtanz eine uns fremde Kultur, wieder andere erleben die Freude an ihrem Körper und ihrer Sinnlichkeit oder streben nach einer Karriere als Bauchtänzerin.

Entscheidend ist, daß die Kursleiterin die Teilnehmerinnen ihre Beziehung zum Tanz entdecken läßt.

Für mich scheint dies nur möglich, indem ich meine eigene Beziehung zum Tanz im Kurs offenlege und zur

Diskussion stelle. Mit meinem Tanz und meiner Art, ihn zu vermitteln, soll spürbar werden, wieso ich ihn tanze. Ich halte keine langen Vorträge, sondern vertrete in unseren Gesprächen meine Einstellung zum Tanz und auch zu mir als Frau. Wir kommen darüber oft in heftige Auseinandersetzungen, und ich glaube, gerade dabei kann jede Frau ihre Meinung hinterfragen und immer wieder neu bedenken.

So ist das Maß, das ich als Kursleiterin setze, eine erste Orientierung für die Teilnehmerinnen, ist Provokation und Anlaß zum Gespräch. Entscheidend ist, daß es dabei niemals ein Richtig oder Falsch geben kann. Die Fragen, die sich im Bauchtanz stellen, sind immer Fragen um Menschliches, um uns als Frauen. In diesem Bereich kann nur jede für sich reden.

Bauchtanz als der älteste Tanz ist auf keine Bedeutung festzulegen, es gibt sie nur im Tanzen jeder einzelnen Frau und ihrem Denken. Für mich ist es wesentlich, diese Offenheit im Kurs zu vermitteln und gleichzeitig meinen Standpunkt zu vertreten. So versuche ich, im Kurs eine Atmosphäre zu schaffen, die frei ist von Konkurrenz, die nicht auf Leistung, sondern auf gemeinsame Erfahrungen ausgerichtet ist. Von daher praktiziere ich nicht das in vielen Bauchtanzkursen gängige Vortanzen der einzelnen Frauen. Ich kann mir denken, daß es eine ungeheure Überwindung kostet und viele Frauen abschreckt. Viel schöner, wenn auch nicht unbedingt leichter, ist das Zusammentanzen, in dem man sich selbst immer mehr vergißt und seine Kraft und Freude in der Gruppe auflöst.

Dazu gehört die Befreiung von dem ständigen »Was denken bloß die anderen über mich, wie wirke ich, wie sehe ich aus, wie sehen die anderen aus ...?«.

Dieses Denken ist nicht einfach abzuschalten von einem Moment zum anderen, kann jedoch langsam abgebaut werden. Erst dann wird für mich der Tanz natürlich und impulsiv, erst wenn die Reflexion ausgeschaltet ist, beginnen wir zu tanzen. Ist dieser Punkt erreicht, steht auch dem Vortanzen nichts mehr im Wege, dann ist es ein Geschenk an die Mittanzenden.

Diese Situation läßt sich nicht per Rezept herbeizaubern, sie muß sehr langsam durch den Beitrag aller Beteiligten aufgebaut werden. Entscheidend ist natürlich der Anstoß, den die Kursleiterin geben kann. Ihre eigene Offenheit, ihre Versuche, die Teilnehmerinnen anzusprechen und zu ermuntern, ihre Aufmerksamkeit jeder einzelnen gegenüber bestimmen die Atmosphäre im Kurs.

Und hier ist auch schon die Grenze für Tips, die ich Kursleiterinnen geben kann, hier kann ich nicht mehr raten, sondern nur auffordern, selbst zu suchen. Für mich ist diese Suche – sie erreicht nie ein Ende – das Schwierigste, nicht nur für die Aufgabe als Kursleiterin, sondern ebenso für meinen Tanz.

Besonders wertvoll sind für mich die Erinnerungen an die Schwierigkeiten meiner eigenen ersten Tanzversuche. Die Hemmungen, das Gefühl der eigenen Unbeweglichkeit, der Glaube, alle anderen könnten es viel besser, das Nicht-Verstehen-Können der einzelnen Bewegungsabläufe, die Ablehnung der eigenen Versuche – all das ist mir noch gut in Erinnerung. Vielleicht kann ich vielen Frauen heute Hilfen geben, weil ihre Schwierigkeiten für mich präsent und nachvollziehbar sind.

Ich leugne niemals, daß es schwer ist, Bauchtanz zu erlernen, daß es viel Zeit braucht, bis die Bewegungen leicht und geschmeidig werden, bis man sich ganz auf den Tanz und weniger auf die Technik konzentrieren kann.

Niemand kommt auf die Idee, daß er eine Fremdsprache in 8 Wochen erlernen könne. Die gleiche Einstellung sollte man dem Bauchtanz entgegenbringen. Eine mußevolle und ruhige Atmosphäre im Kurs läßt Fortschritte am schnellsten wachsen. Für mich ist es immer wieder ein Erlebnis, wenn ich nach einem Einführungskurs sehe, daß alle Frauen dem Bewegungsgefühl des Bauchtanzes nähergekommen sind, daß sich Hüften, die zuvor völlig bewegungslos schienen, munter drehen und wiegen. Es liegt mir am meisten am Herzen, daß die Teilnehmerinnen nach einem Kurs Zutrauen zu ihrem Körper und ihren Bewegungsfähigkeiten gewonnen haben. Auf einem Abschlußfest faßte einmal eine Frau diesen Gedanken sehr schön zusammen. Sie meinte, als sie mich das erste Mal tanzen sah, hätte sie gedacht, »das schaff' ich nie!«; nach dem Kurs sagte sie mit einem Lächeln »vielleicht«.

Vorschlag zum Ablauf von 8 Kursabenden

In meinen Einführungskursen, die über 8 Abende laufen, geht es mir darum, die Grundbewegungen zu vermitteln und jede Frau zu der Überzeugung kommen zu lassen, daß sie bauchtanzen kann. In der Kursplanung darf es nie um organisiertes Absolvieren einzelner Übungen und Tanzbewegungen gehen. Viel wichtiger ist der Kurs als Ganzes, das Zusammenwirken der verschiedenen Teile, und die individuelle Abstimmung auf die Teilnehmergruppe macht die Qualität eines Kurses aus.

Wenn man mit der Auswahl der Übungen für einen Kurs beginnt, so sollte man in der Planung immer einem erprobten Raster folgen. Ein Kursabend läuft in folgenden Phasen ab:

○ Einstimmung und Begrüßung
○ Aufwärmen und Lockern
○ Tanzphase
○ Gesprächspause
○ Bewegungsübungen am Boden
○ Tanzphase
○ Entspannung

Ich plane niemals den genauen Verlauf von 8 Abenden durch, ein solch strenges Raster würde jede Atmosphäre zerstören. Ich weiß jedoch, welche Bewegungen ich vermitteln will und verfüge über ein breites Repertoire an Übungen, die in das Bewegungsgefühl des Bauchtanzes einführen und die der jeweiligen Situation angemessen sind.
In den ersten Kursstunden geht es vor allem darum herauszufinden, wie weit eine Teilnehmergruppe gefordert werden kann, welche Stärken und Schwächen bei den einzelnen Frauen auftreten. Sehr wichtig für die sinnvolle Planung des gesamten Kurses ist also die sensible Beobachtung während der ersten Abende.
Hier ein Beispiel für den Ablauf eines ersten Kursabends:

Einstimmung und Begrüßung

Nachdem ich mich kurz vorgestellt habe, schlage ich immer vor, gleich anzufangen. In der Pause können alle anstehenden Fragen, die den Teilnehmerinnen oft erst im Laufe des Abends und im weiteren Kurs kommen, geklärt werden.

Nach einer möglichst eingängigen, stimmungsvollen Musik beginnen wir durcheinander im Raum umherzugehen (Beschreibung siehe Seite 78). Bei dieser Übung lernen die Teilnehmerinnen nicht nur den Raum, sondern auch sich selbst gegenseitig kennen. Durch die Blickkontakte, durch die Begegnung mit allen Frauen fällt das Namenlernen später viel leichter. Gleichzeitig werden schnell alle anfänglichen Bewegungshemmungen abgelegt, gehen können wir schließlich alle.

Nach einer Weile beginne ich mit Korrekturen, weise auf die aufrechte Haltung hin, versuche, mit jeder Teilnehmerin Blickkontakt aufzunehmen und sie zum »Wachsen« zu motivieren.

Aufwärmen und Lockern

Die Übungen zum Warmwerden stelle ich aus dem Kapitel »Die Praxis – Entdeckungswege zum Bauchtanz« zusammen, zum Beispiel:

o Ausschütteln, für den Anfang ohne Becken und Schultern (Seite 71),
o Schwingen (Seite 73),
o die Mitte finden (Seite 79),
o Wachsen (Seite 79),
o Beckenkippen (Seite 95),
o Übungen zur Beweglichkeit der Wirbelsäule (Seite 98).

Tanzphase

Viel Zeit nehme ich mir in der 1. Stunde für die Grundhaltung. Wichtig ist es, jede einzelne Teilnehmerin zu korrigieren, um langsam die Erfahrung der richtigen

Ausgangshaltung zu ermöglichen. Gleichzeitig habe ich dabei die Möglichkeit, mit allen in Kontakt zu kommen, sie und ihren Körper kennenzulernen.

Ohne Musikbegleitung stehen wir im Kreis, langsam erkläre ich die Grundhaltung, gleichzeitig führen wir diese Übung aus und konzentrieren uns auf unseren Körper. Dann fordere ich dazu auf, wieder eine normale Körperhaltung einzunehmen und von dort aus die Grundhaltung des Bauchtanzes zu finden.

Sehe ich, daß alle sich schon recht wohl in der Ausgangsposition fühlen, beginne ich mit dem Hüftschieben nach einer sehr langsamen Musik (Seite 105). Nach einiger Zeit erkläre ich die Bewegung genau und korrigiere dann wieder jede Teilnehmerin. Am besten geht es, indem man die Hüften mit den Händen führt, so versteht man die Bewegung mit dem Körper, und es stellt sich am ehesten das Aha-Erlebnis ein.

Als weitere Tanzbewegung für den 1. Abend eignet sich der große Hüftkreis (Seite 108). Beide Bewegungen kann man ohne zu große Anstrengung längere Zeit üben. Wichtig ist es, dafür genügend Zeit einzuräumen, die Frauen können so die Bewegung wirklich in sich aufnehmen und sich darin zu Hause fühlen.

Gesprächspause

In der Gesprächspause ergeben sich immer wieder neue Fragen und Themen. Während der ersten Stunden steht meist das Ungewohnte und Neue des Bauchtanzes im Mittelpunkt, oft auch die Motivationen der Teilnehmerinnen und ihre bisherige Sichtweise auf den Bauchtanz.

Bewegungsübungen am Boden

Die Bodenübungen stehen am Anfang für das Kennenlernen von Bauch und Hüfte. Ich beginne mit einfachen Atemübungen, bei denen die Konzentration auf der Bauchatmung liegt, und schließe dann die Übungen zum Beckenheben und Kippen an (Seite 81 f.).
Besonderen Spaß macht in der 1. Stunde das Erproben von einfachen Armbewegungen im Fersensitz, z. B. Handkreise, Hand- und Armwellen. Nachdem ich sie gezeigt und erklärt habe, versucht jede Frau für sich, die Bewegungen einer langsamen Musik anzupassen.

Tanzphase

In der 2. Tanzphase erproben wir noch einmal das Hüftschieben und die großen Hüftkreise, diese jetzt auch in die andere Richtung, sowie beide Bewegungen im flüssigen Wechsel. Erfahrungsgemäß fällt es den meisten Frauen besonders schwer, den Übergang von einer Bewegung in die andere zu finden. Ich versuche, diesen Wechsel von der 1. Stunde an einzuführen. Das Beherrschen zahlloser verschiedener Bewegungen ist sinnlos, wenn man sie nicht flüssig verbinden kann.
Zeigen sich in einem Kurs wenig Schwierigkeiten mit den ersten Bewegungen, versuchen wir noch das Hüftkippen (Seite 110) nach einer etwas schnelleren und rhythmischen Musik.

Entspannung

Zum Ende des Abends sollen noch einmal alle Körperteile gelockert und entspannt werden. Das Ausschütteln am Boden mit einem Partner (Seite 76) findet bei allen immer großen Anklang. Es bietet die Möglichkeit zum

Gespräch zwischen zwei Frauen, die sich zum Ende des Kursabends bei der Partnerübung kennenlernen können. Ein Gespräch zwischen zwei Teilnehmerinnen ist wertvoller als das Vorstellen in der großen Runde, das meistens doch sehr steif und aufgesetzt wirkt.

Falls noch Zeit für ein Abschlußgespräch bleibt, frage ich natürlich nach den ersten Erfahrungen und Meinungen, falls nicht, kann ich diese auch in den Gesichtern und den Gesprächen während des Umziehens ablesen und auf meine Kursleitertätigkeit beziehen.

Die Gestaltung der nächsten zwei oder drei Abende ähneln dem Ablauf des ersten Kursabends. Die Wiederholung der gymnastischen Übungen ermöglicht eine bessere Konzentration auf den Bewegungsablauf; es wird weniger Zeit für Erklärungen gebraucht, und man gewinnt dadurch mehr Zeit für Korrekturen und Hilfen. Jede Frau fühlt sich in den gewohnten Bewegungen allmählich sicherer und kann sie intensiver ausführen.

An jedem Abend erweitere ich das Bewegungsrepertoire, füge eine Übung mehr in die Aufwärmphase und nehme je nach Situation des Kurses zwei oder drei neue Tanzbewegungen hinzu. Sie werden mit den schon erlernten ständig verbunden, so daß immer mehr getanzt und immer weniger geübt wird.

Am vierten oder fünften Abend haben wir meist alle Grundbewegungen erprobt und gehen langsam dazu über, sie mit Armbewegungen zu koordinieren und in verschiedenen Variationen zu erproben.

In der zweiten Hälfte des Anfängerkurses geht es darum, den Tanz immer sicherer und lockerer werden zu lassen. Der sicherste Weg dahin ist das *Tanzen*; und zwar möglichst lange ohne Unterbrechung.

Wir stehen in meinen Kursen im Kreis, ich gebe für den Anfang die Bewegungen vor, die von allen mitgetanzt werden. Ich wähle für diese Tanzphasen Musik, die die Teilnehmerinnen schon gut kennen, so können sie sich auf Rhythmus- und Bewegungswechsel besser einstellen. Im Kreis kommt es schnell zu Blickkontakten und Ansätzen des gemeinsamen Tanzens, spätestens nach 20 Minuten hat jede Frau sich selbst vergessen, den Kopf ausgeschaltet und *tanzt*. Ein gewisser Erschöpfungsgrad ist manchmal recht nützlich!

Wenn ich während der folgenden Abende beobachte, daß sich alle in ihren Bewegungen schon recht sicher fühlen, gebe nicht mehr nur ich, sondern auch die Teilnehmerinnen die Bewegungen vor. Eine Frau beginnt zu tanzen, während die anderen ihre Bewegungen übernehmen. Sobald sie »genug hat«, gibt sie durch einen Blickkontakt die »Vortanzrolle« an die Frau neben sich ab, und diese beginnt, ihre Bewegungen zu verbinden. So wächst jede Frau langsam in ihren eigenen Tanz hinein, entwickelt ihn für sich selbst und erhält Anregungen von anderen. Diese langen Tanzphasen bilden meist das Ende des Abends, die ersten Tanzphase bleibt der Technik vorbehalten, dem Üben und Kennenlernen der einzelnen Bewegungen.

Am letzten Abend wird mit langer Tradition ein Abschlußfest gefeiert, jede Frau bringt etwas zu essen mit, wir lagern uns mit vielen Kissen auf dem Boden, sind festlich geschmückt und verbringen einen Abend oft bis spät in die Nacht hinein, mit viel Lachen, Reden, Essen, Trinken und natürlich *Tanzen*.

Auswahlbibliographie

1 Bücher zum Thema

Wendy Buonaventura
Bauchtanz. Die Schlange und die Sphinx
München 1984

Wendy Buonaventura
Die Schlange vom Nil. Frauen und Tanz im Orient
Hamburg 1990
*Dieses Buch kann nur über den Versandhandel »Zweitau-
sendeins« (Frankfurt am Main) bezogen werden.*

Dietlinde Karkutli
Bauchtanz, Rhythmus, Erotik, Lebensfreude
München 1989

Dietlinde Karkutli
Das Bauchtanzbuch
Reinbek bei Hamburg 1983

2 Zeitschriften

Arabesque. Orientalische Tänze und Kultur in aller Welt
Arabesque Media Verlag
An der Fliehburg 59
51109 Köln
Tel. 0221–691 03 11

Halima. Fachzeitschrift für orientalischen Tanz
Halima Fachzeitschrift
Siglinde Schneider und Brigitte Baldinger
Gundekarstraße 4
90451 Nürnberg
Tel. 0911–64 57 39

Karawane. Zeitschrift für orientalischen Tanz und Kultur
Media Oriental Verlag
Nordstraße 13
40477 Düsseldorf
Tel. 0211–49 96 04

Tanz Oriental. Das aktuelle Magazin für orientalische Tanzstile in Europa
Oriental-Medienverlag
Ute und Günther Dietz
Eibacher Hauptstraße 6
90451 Nürnberg
Tel. 0911–642 64 05

3 Musikversand

Darbukka Oriental Records
Rosel Schreiber-Kriegel und Hans Schreiber
Am Erlenkamp 16
45657 Recklinghausen
Tel. 02361–158 24

Canzone
Savignypassage, Bogen 583
10623 Berlin
Tel. 030–312 40 27

Horizont
Frank Jeske
Weißenburger Straße 2
44135 Dortmund
Tel. 0231–586 04 15

Register